essentials

essentials liefern aktuelles Wissen in konzentrierter Form. Die Essenz dessen, worauf es als „State-of-the-Art" in der gegenwärtigen Fachdiskussion oder in der Praxis ankommt. *essentials* informieren schnell, unkompliziert und verständlich

- als Einführung in ein aktuelles Thema aus Ihrem Fachgebiet
- als Einstieg in ein für Sie noch unbekanntes Themenfeld
- als Einblick, um zum Thema mitreden zu können

Die Bücher in elektronischer und gedruckter Form bringen das Expertenwissen von Springer-Fachautoren kompakt zur Darstellung. Sie sind besonders für die Nutzung als eBook auf Tablet-PCs, eBook-Readern und Smartphones geeignet. *essentials:* Wissensbausteine aus den Wirtschafts-, Sozial- und Geisteswissenschaften, aus Technik und Naturwissenschaften sowie aus Medizin, Psychologie und Gesundheitsberufen. Von renommierten Autoren aller Springer-Verlagsmarken.

Weitere Bände in der Reihe http://www.springer.com/series/13088

Keanu Niclas Moseler

Mitarbeiterentsendung und Brexit

Die steuerliche Entwicklung im
Base-Case-Szenario und praktische
Empfehlungen

Mit einem Geleitwort von Prof. Dr. Daniel Zorn, LL.M.

Keanu Niclas Moseler
Standort Geislingen, Hochschule für
Wirtschaft und Umwelt
Nürtingen, Deutschland

ISSN 2197-6708   ISSN 2197-6716   (electronic)
essentials
ISBN 978-3-658-26675-2   ISBN 978-3-658-26676-9   (eBook)
https://doi.org/10.1007/978-3-658-26676-9

Die Deutsche Nationalbibliothek verzeichnet diese Publikation in der Deutschen Nationalbiblio-
grafie; detaillierte bibliografische Daten sind im Internet über http://dnb.d-nb.de abrufbar.

Springer Gabler ist ein Imprint der eingetragenen Gesellschaft Springer Fachmedien Wiesbaden
GmbH und ist ein Teil von Springer Nature
Die Anschrift der Gesellschaft ist: Abraham-Lincoln-Str. 46, 65189 Wiesbaden, Germany

Was Sie in diesem *essential* finden können

- Kurzdarstellung steuerlicher Handhabung von Mitarbeiterdelegationen
  - Funktion von Doppelbesteuerungsabkommen bezogen auf Mitarbeiterentsendungen
  - Kurzdarstellung des OECD-Musterabkommens
  - Grundwissen Verrechnungspreise im Entsendungsfall
- Darstellung des europäischen Binnenmarktes
  - Aufzählung und Erläuterung ausgewählter Binnenmarktvorteile
  - Attraktivität des britischen Marktes für deutsche Unternehmen
  - Attraktivitätsverluste und Unsicherheiten durch den Brexit im Wirtschaftsstandort Großbritannien
  - Darstellung eines Base-Case-Szenario für die deutsch-britischen Wirtschaftsbeziehung
    Fortbestand Doppelbesteuerungsabkommen
    Freihandelsabkommen am Bsp. der Schweiz
  - Ausblick für die Zeit nach dem Brexit mit Handlungsempfehlung für die Post-Brexit-Zeit am Beispiel der Automobilindustrie

meinem Großvater Hans-Josef
27.10.1936 – 07.03.2019

Geleitwort

In Zeiten transnationaler sowie innereuropäischer Spannungen setzen sich Unternehmen – bewusst oder unbewusst – einer Vielzahl an Chancen und Risiken aus. Zollkriege, Plebiszite und aktuell die Hängepartie um den sog. „Brexit" führen zu einer Verunsicherung auf den internationalen Märkten und beeinflussen so die unternehmerische Grundhaltung nachhaltig. Beschleunigt wird diese Entwicklung durch die zunehmende Digitalisierung und immer flexibler werdende Arbeitsbedingungen. Arbeitnehmerentsendungen sind daher heutzutage auch für mittelständische Unternehmen keine Seltenheit mehr. Während international agierende Großkonzerne diese Herausforderungen größtenteils antizipieren, sehen sich inzwischen auch kleine und mittelständisch geprägte Unternehmen sowie deren Arbeitnehmer zunehmend mit neuartigen Fragestellungen konfrontiert. Daneben führen nationale und europäische Gesetzgebung und Rechtsprechung dazu, dass sich insbesondere das internationale Steuerrecht neu adjustiert.

Die als *essential* modifizierte Bachelor-Thesis mit dem ursprünglichen Titel „Global Mobility – steuerliche und betriebswirtschaftliche Betrachtung von Mitarbeiterentsendungen – mit Blick auf aktuelle Unsicherheiten resultierend aus dem geplanten EU-Austritt des Vereinigten Königreichs" von Herrn Keanu Niclas Moseler befasst sich daher mit einer aktuellen und vielschichtigen Problemstellung, die sich hier insbesondere auf das Steuerrecht bei Sachverhaltsgestaltungen der Arbeitnehmerentsendung fokussiert.

Die Arbeit stellt eine valide und belastbare Untersuchung auf dem Gebiet der grenzüberschreitenden Besteuerung dar. Umfassende Fragestellungen und – für eine Bachelor-Thesis – tiefgreifende Antworten verleihen der Arbeit ein nennenswertes wissenschaftliches Gewicht. Trotz der hohen Komplexität der Materie wird ein fundierter Theorie-Praxis-Transfer erreicht. Die Arbeit ist hervorragend strukturiert, wissenschaftlich konsistent und lässt wichtige Zusammenhänge durch deskriptiv-statistische Erhebungen und explikativ-statistische Auswertungen erkennen.

Es bleibt der Arbeit zu wünschen, dass sie ein entsprechendes Gehör in Wissenschaft und Praxis findet.

Geislingen   Prof. Dr. Daniel Zorn, LL.M.
im März 2019   HfWU Nürtingen-Geislingen
                                                     Babeş-Bolyai Universität Cluj

Inhaltsverzeichnis

Einführung – die Entsendungsentscheidung

Internationale Dynamik erstreckt sich längst nicht mehr rein auf weltweit agierende Konzerne, sondern hat den Mittelstand genauso wie auch Kleinunternehmen erreicht. Damit ist die ausländische Geschäftstätigkeit im Bereich der Personalarbeit internationaler Unternehmen nicht länger Ausnahme, sondern regelmäßiges Tagesgeschäft.[1] Ein Standardinstrumentarium jener auslandsbezogener Personalarbeit ist die Mitarbeiterentsendung.[2] Auf diese wird von Unternehmen im Zuge ihres Internationalisierungsprozesses vermehrt gesetzt, um die Tätigkeiten im Ausland zu manifestieren.[3]

Die Vorteile einer Entsendungsentscheidung sind kaum von der Hand zu weisen: Neben dem klassischen unternehmerischen Ziel, im Auslandseinsatz einen Know-how-Transfer oder die Ausbildung des einheimischen Personals zu erreichen, wird auch die Entwicklungsmaßnahme für künftige Führungskräfte als attraktiver Anreiz für Entsendungen empfunden.[4] Die Entsendung wird dabei wichtiger Bestandteil des inneren Internationalisierungsprozesses im Unternehmen.

Gleichfalls ist die Internationalisierung nicht immer eine vom Unternehmen bewusst gefasste Entscheidung. Auf vielen ausländischen Märkten hält der Arbeitsmarkt nicht mit der Globalisierung von Absatz- und Beschaffungsmärkten Schritt. In Schwellenländern ist der Marktzutritt bereits bei der lokalen

---

[1]Vgl. Fischlmayr/Kopecek 2012, S. 15; „Zahlreiche Konzerne mit Stammsitz in Deutschland finden sich unter den 100 größten international tätigen Unternehmen der Welt." Kühlmann 2004, S. 1.

[2]Vgl. Kühlmann 2004, S. 1; Theobald 2016, S. 670.

[3]Vgl. Theobald 2016, S. 670.

[4]Vgl. Thurow 2017, S. 57.

© Springer Fachmedien Wiesbaden GmbH, ein Teil von Springer Nature 2019
K. N. Moseler, *Mitarbeiterentsendung und Brexit*, essentials,
https://doi.org/10.1007/978-3-658-26676-9_1

Mitarbeiterbeschaffung durch schwere Hürden in Form von Leistungsbereitschaft und -vermögen deutlich erschwert.[5] Häufig lässt sich daher das mangelnd qualifizierte Fachpersonal im Entsendungsland lediglich durch Stammhausmitarbeiter aus Deutschland kompensieren.[6] Die Entsendungsentscheidung wird eher notwendigerweise herbeigeführt. Mit den passenden Expatriates lassen sich so jedoch Tochtergesellschaften im Ausland durch permanente Anwesenheit eines Stammhausdelegierten vor Ort optimal kontrollieren und steuern. Durch die Schaffung solcher internen Strukturen und Kompetenzen soll im internationalen Management der Unternehmensstrategie auf dem globalen Markt Rechnung getragen werden, um der internationalen Unternehmensstellung zu begegnen.

Anhand des Beispiels des Modekonzerns Zara wird deutlich, dass aus dem Stammland entsandte Mitarbeiter jedoch nicht in allen Fällen die Hürden von schwierigen Bedingungen auf lokalen Arbeitsbeschaffungsmärkten beseitigen können: Viele Expatriates scheiterten daran, das Geschäftsmodell auf ausländischen Märkten zu etablieren, weshalb der Konzern im Status quo nur noch auf lokale Mitarbeiter setzt und Märkte ohne ausreichendes Mitarbeiterangebot gar nicht erst zu betreten anstrebt.[7] Insgesamt wurde damit durch die erfolglosen Auslandseinsätze sogar die Unternehmensstrategie in ihren Grundelementarien verändert: Zara modifizierte die bis dahin ethnozentrische in eine polyzentrische Strategie.[8]

Mitarbeiterentsendungen sind schlussfolgernd in einem international agierenden Unternehmen grundsätzlich Standardinstrumentarium und Risiko zugleich. Neben hoher Mitarbeiterfluktuation nach langen Auslandseinsätzen und scheiternden Projekten gilt es, steuerliche Risiken in geringem Umfang zu halten.

Große Unsicherheiten auf dem europäischen Binnenmarkt lassen sich vor allem Großbritannien gegenüber erkennen: Mit dem geplanten, auch als Brexit[9] bezeichneten, EU-Austritt Großbritanniens[10] treten Ungewissheiten sowohl für die EU als auch die einzelnen Mitgliedsstaaten – so auch für Deutschland – auf.

---

[5]Vgl. Schwuchow 2015.

[6]Vgl. Doyé 2015, S. 24 f.

[7]Vgl. Doyé 2015, S. 45.

[8]Siehe weiter das EPRG-Modell nach Perlmutter, u. a. Schwuchow/Gutmann 2015, S. 83 f.

[9]2012 wurde das Kunstwort „Brixit" (heute Brexit) als Wortverschmelzung von „Britain" und „exit" erstmals vom Magazin „The Economist" geprägt, vgl. The Economist 2012.

[10]Mit Großbritannien sind im Rahmen dieses Berichts regelmäßig das Vereinigte Königreich Großbritannien und Nordirland gemeint. Die Verkürzung dient der besseren Lesbarkeit.

Die Bundesrepublik verzeichnete in der Vergangenheit stetig steigende Exportumsätze nach Großbritannien[11] und der Brexit wird sich auf Exporte und damit den regen Mitarbeiteraustausch auswirken.

International aufgestellten Unternehmen sollen im Rahmen dieses Reports die aktuellen Chancen und Risiken bei Auslandseinsätzen in steuerlicher Hinsicht aufgezeigt werden. Dazu wird ein möglichst allgemeingültiger Status quo der steuerlichen Handhabung bei Auslandsentsendungen dargelegt. Weiterführend wird Unternehmen mit wirtschaftlichem Bezug nach Großbritannien erläutert, in welchem Rahmen sich Auslandsentsendungen nach dem Brexit entwickeln könnten, um zugleich eine Berechenbarkeitsgrundlage für die herrschenden Unsicherheiten zu schaffen.

Zur genaueren Bestimmung von möglichen Berechenbarkeitsgrundlagen, wurden zwei umfangreiche Studien in Form von Umfragen[12] durchgeführt, die u. a. eine Eintrittswahrscheinlichkeit gewisser Post-Brexit-Szenarien bestimmen sollten. Während die erste Umfrage (U 1) auf den Beratungs- und Prüfungssektor[13] abzielte, wurde die zweite Umfrage (U 2) unter Bürgerinnen und Bürgern verschiedener Ausgangsvoraussetzungen erhoben. Dabei sollte auch ein Auseinanderfallen etwaiger Wahrscheinlichkeiten zwischen den beiden Umfragen deutlich werden.

Zunächst haben knapp 400 Umfrageteilnehmer des Beratungs- und Prüfungssektors folgende Branchen als für besonders vom Brexit betroffen erklärt[14]:

- Banken- und Finanzdienstleistung 92,2 %
- Automobilindustrie (auch Zulieferer) 59,1 %
- Maschinen- und Anlagenbau 27,8 %
- Stationär- und Onlinehandel 22,8 %

Auf Basis dieser Ergebnisse wurden die potenziellen Branchen ermittelt, die später weitergehend betrachtet werden.

---

[11]Allein von 2010 bis 2017 hat der Gesamtexportumsatz von Deutschland nach Großbritannien um 24.877.392.000 €, etwa +41,82 %, zugenommen, vgl. Außenwirtschaftsportal Bayern – Export nach GB.

[12]Ergebnisse und Auswertung der Originalumfragen siehe Bachelorarbeit Keanu Niclas Moseler an der Hochschule für Wirtschaft und Umwelt mit Originaltitel „Global Mobility – steuerliche und betriebswirtschaftliche Betrachtung von Mitarbeiterentsendungen – mit Blick auf aktuelle Unsicherheiten resultierend aus dem geplanten EU-Austritt des Vereinigten Königreichs".

[13]Gemeint sind die Felder Steuer-, Rechtsberatung, Wirtschaftsprüfung.

[14]Vgl. Umfrage 1, Frage 6 (399 Teilnehmer).

Steuerlicher Status von Mitarbeiterentsendungen

2

Finanziell sind Mitarbeiterentsendungen für die entsendenden Unternehmen eine kostenaufwendige Angelegenheit. Regelmäßig können die bis dahin eigentlichen Lohnkosten des entsandten Mitarbeiters mit dem Faktor 2,5 multipliziert werden. Dem größten Risiko bei Entsendungen sehen sich Unternehmen häufig in steuerrechtlichen Fragen konfrontiert, weshalb den Auslandseinsätzen eine umfassende Beratung und Planung geschuldet ist.

2.1 Besteuerung von Arbeitslohn im Ausland

Die Entsendung eines Arbeitnehmers ins Ausland wirft steuerrechtliche Problemstellungen auf, deren Meisterung eng an die Fürsorgepflichten des Arbeitgebers gegenüber seinen Mitarbeitern geknüpft sind.[1] Großer steuerrechtlicher Risikofaktor auf Arbeitnehmerseite ist regelmäßig die drohende Doppelbesteuerung bei falscher Einsatzabwicklung und -planung.

Eine Grundsatzfrage zur ordnungsmäßigen Besteuerung des Arbeitslohnes bietet die beschränkte oder unbeschränkte Steuerpflicht im Entsendungsland und in Deutschland.

2.1.1 Welteinkommensprinzip

Fundament deutscher Besteuerungssystematik ist das Welteinkommensprinzip. Dies bedeutet nichts anderes, als dass alle im Inland (Bundesrepublik Deutschland)

---

[1]Vgl. Edenfeld 2017, S. 2803.

© Springer Fachmedien Wiesbaden GmbH, ein Teil von Springer Nature 2019
K. N. Moseler, *Mitarbeiterentsendung und Brexit,* essentials,
https://doi.org/10.1007/978-3-658-26676-9_2

unbeschränkt steuerpflichtigen Personen mit ihrem kompletten Welteinkommen unabhängig von ihrer Staatsangehörigkeit Steuern an den deutschen Fiskus abzuführen haben. Anders handhaben es bspw. die USA, bei denen die Steuerpflicht des Welteinkommens sowohl an den Wohnsitz als auch an die US-Staatsbürgerschaft geknüpft ist.[2]

In beiden Fällen beschreibt das Welteinkommensprinzip jedoch die Besteuerung sämtlicher inländischen und ausländischen Einkünfte.

Alle Einkünfte, die also irgendwo auf der Welt erzielt werden, müssen in Deutschland besteuert werden, wenn eine unbeschränkte Steuerpflicht vorliegend ist.

2.1.2 Unbeschränkte Steuerpflicht

Die unbeschränkte Steuerpflicht gem. § 1 I Satz 1 EStG bei natürlichen Personen knüpft an den Wohnsitz gem. § 8 AO oder an den gewöhnlichen Aufenthalt, § 9 AO innerhalb der Bundesgrenzen Deutschlands.

Kumulativ müssen die Anknüpfungsmerkmale von Wohnsitz oder gewöhnlichem Aufenthalt gem. § 1 I Satz 1 EStG nicht vorliegen, um unbeschränkt steuerpflichtig zu sein.

Der Wohnsitz wird in § 8 AO fest definiert. Eine Wohnung hat der Stpfl. dann inne, wenn er die tatsächliche Verfügungsgewalt (Innehaben) über Räume hat, die zum dauerhaften Wohnen geeignet sind (Wohnung) und diese zumindest in einer gewissen Regelmäßigkeit, auch bei größeren Abständen, aufsucht (Benutzung).[3]

Wer bereits im Voraus eine Aufenthaltsabsicht unter sechs Monaten hegt, begründet keine Wohnung, auch wenn er obige Voraussetzungen erfüllen sollte. Eine den Kriterien entsprechende Wohnung muss somit auch mindestens sechs Monate gehalten werden, um als solche zu gelten (Beibehaltung).[4]

Wie bereits beschrieben, müssen die Voraussetzungen des Wohnsitzes und gewöhnlichen Aufenthalts nicht in Summe vorliegen. Das Vorliegen eine der Voraussetzungen reicht zur Begründung einer unbeschränkten Steuerpflicht aus.

---

[2]Vgl. Egner 2015, S. 6.

[3]Vgl. Rose/Watrin/Riegler 2016, S. 30. Dabei ist ein Mindestaufenthalt nicht notwendig, bescheidene Unterkunft oder Wohngemeinschaft genügt, um die Kriterien der Wohnung zu erfüllen, ebd.

[4]Vgl. BFH Urteil vom 30.8.1989.

Der gewöhnliche Aufenthalt wird in § 9 Satz 1 AO fest definiert. In der Definition ist der Begriff „gewöhnlich" nach BFH-Rechtsprechung hierbei als Synonym für „dauernd" anzusehen, was wiederum nicht „immer" bedeutet, sondern lediglich im Sinne von „nicht nur vorübergehend" anzuerkennen ist.[5] Es muss folglich keine Wohnung wie in § 8 AO begründet werden, sondern die Absicht oder Erwartung allein, ständig zu verweilen, genügt.[6] Dem Wortlaut nach gelten als Voraussetzungen die tatsächliche körperliche Anwesenheit und ein nicht nur vorübergehendes Verweilen.

Weiter wird in § 9 Satz 2 AO die Sechs-Monats-Frist als weitere Voraussetzung des gewöhnlichen Aufenthaltes genannt. In der steuerlichen Praxis ist jedoch irrelevant, ob die sechs Monate innerhalb eines Kalenderjahres liegen oder aber zwei Kalenderjahre schneiden.[7] Von Wichtigkeit ist infolgedessen lediglich die Erfüllung der sechs zusammenhängenden Monate. Bemessen wird die Sechs-Monats-Frist gem. § 108 I AO i. V. m. §§ 187, 188 BGB mit dem Ablauf des Tages im sechsten Monat, der in der Zahl dem Tag des Beginns entspricht.

2.1.3 Beschränkte Steuerpflicht

Innerhalb der unbeschränkten Steuerpflicht entfällt die Besteuerungshoheit des Staates auf Inländer[8]. Aber auch Nicht-Inländer unterfallen der Besteuerung, wenn sachliche Beziehungen eines Steuerobjekts zum Fiskalterritorium bestehen.[9]

Beschränkt steuerpflichtig ist gem. § 1 IV EStG, wer weder einen Wohnsitz oder gewöhnlichen Aufenthalt, §§ 8 oder 9 AO, innehat, jedoch aber aus inländischen Quellen stammende Einkünfte nach § 49 EStG erzielt.

Eine abschließende Aufzählung aller Einkünfte aus inländischen Quellen, die der beschränkten Steuerpflicht unterfallen, enthält § 49 I EStG.

Die Regelungsbereiche des § 49 EStG werden regelmäßig auch von Doppelbesteuerungsabkommen tangiert, die eine Möglichkeit zur Besteuerungsfreistellung des Arbeitslohns darstellen.[10]

---

[5]Vgl. BFH Urteil vom 30.8.1989.

[6]Vgl. Birk 2009, S. 207.

[7]Vgl. Rose/Watrin/Riegler 2016, S. 32.

[8]Erl.: Inländer ist nicht mit „Staatsbürgern" gleichzusetzen, viel mehr mit jenen, die sich im Inland aufhalten und eine stl. Ansässigkeit begründen.

[9]Vgl. § 1 IV EStG.

[10]Vgl. Reimer in Blümich 2018, § 49, Rn. 32.

2.2   Besteuerungsfreistellung des Arbeitslohns

Durch die steuerliche Anknüpfung an das Welteinkommen und -vermögen kann
es unter Umständen zur Besteuerung durch mehrere Staaten kommen, wenn
entweder Steuersubjekt oder -objekt mit verschiedenen Staaten in Beziehung
stehen. Um genau dies zu vermeiden und eine Benachteiligung der Beteiligten
durch jene Doppelbesteuerung auszuräumen, gibt es Möglichkeiten, den Arbeitslohn freizustellen. Die Bundesrepublik Deutschland hat zu diesem Zweck über
100 Abkommen[11] zur Vermeidung der Doppelbesteuerung mit anderen Staaten
geschlossen.

2.2.1   Doppelbesteuerungsabkommen

Doppelbesteuerungsabkommen, fortan DBA, sind bilaterale Verträge zwischen zwei Staaten, um eine Doppelbesteuerung desselben Steuersubjekts (oder
-objekts) zu vermeiden. Solche DBA enthalten Regelungen darüber, welcher der
beiden Vertragsstaaten das Besteuerungsrecht innehat und wann eine Freistellung
der Abzugssteuern aus dem Quellenstaat zu erfolgen hat.[12]
   Innerhalb einer grenzüberschreitenden Wirtschaft leisten DBA einen wichtigen Beitrag zur Harmonisierung verschiedener nationaler Steuervorschriften
in einem internationalen Wirtschaftsverkehr.[13] Im Rahmen der Vertragsverhandlungen zu DBA wird von Industriestaaten, so auch Deutschland, regelmäßig
das OECD-Musterabkommen zur Vermeidung der Doppelbesteuerung, fortan
OECD-MA, zugrunde gelegt oder dieses gar übernommen.[14]

Das OECD-Musterabkommen
Tatsächlich stützen sich die meisten DBA formal und inhaltlich[15] auf das
OECD-MA und machen es damit zum wohl bedeutendsten Ansatz zur Vermeidung
der Doppelbesteuerung. Es werden die verschiedenen Artikel des OECD-MA in
Abb. 2.1 dargestellt.

---

[11]Vgl. BMF vom 17.01.2018, S. 3 ff.

[12]Vgl. Reimer in Blümich 2018, § 49, Rn. 32.

[13]Vgl. Vögele/Borstell/Engler 2015, Kap. B, Rn. 2.

[14]Vgl. Höfer in H/V/V 2016, Kap. 41, Rn. 27.

[15]Vgl. Vögele/Borstell/Engler 2015, Kap. B, Rn. 2; Höfer in H/V/V 2016, Kap. 41, Rn. 27.

Art. 1	Art. 2	Art. 3	Art. 4	Art. 5	Art. 6
Unter das Abkommen fallende Personen	Unter das Abkommen fallende Steuern	Allgemeine Begriffsbestimmungen	Ansässige Person	Betriebsstätte	Einkünfte aus unbeweglichem Vermögen
Art. 7	**Art. 8**	**Art. 9**	**Art. 10**	**Art. 11**	**Art. 12**
Unternehmensgewinne	Seeschifffahrt und Luftfahrt	Verbundene Unternehmen	Dividenden	Zinsen	Lizenzgebühren
Art. 13	**Art. 14**	**Art. 15**	**Art. 16**	**Art. 17**	**Art. 18**
Gewinne aus der Veräußerung vom Vermögen	Selbständige Arbeit	Einkünfe aus unselbständiger Arbeit	Aufsichtsrats- und Verwaltungsratsvergütungen	Künstler und Sportler	Ruhegehälter
Art. 19	**Art. 20**	**Art. 21**	**Art. 22**	**Art. 23 A**	**Art. 23 B**
Öffentlicher Dienst	Studenten	Andere Einkünfte	Vermögen	Befreiungsmethode	Anrechnungsmethode
Art. 24	**Art. 25**	**Art. 26**	**Art. 27**	**Art. 28**	**Art. 29**
Gleichbehandlung	Verständigungsverfahren	Informationsaustausch	Amtshilfe bei der Erhebung von Steuern	Mitglieder diplomatischer Missionen	Anspruch auf Vergünstigungen
Art. 30	**Art. 31**	**Art. 32**			
Ausdehnung des räumlichen Geltungsbereichs	Inkrafttreten	Kündigung			

Abb. 2.1 Artikel des OECD-MA, Grafik in Anlehnung an Deloitte 2018, S. 12

Das UN-Modell

Eine alternative Lösung zum OECD-MA, entwickelt und angewandt vor allem für Entwicklungsländer, stellt das UN-Modell dar. Grundsätzlich unterscheidet sich das UN-Modell vom OECD-MA in der Vermeidung der Doppelbesteuerung darin, dass im UN-Modell angestrebt wird, möglichst hohe Quellenbesteuerung im Ursprungsland aufrechtzuerhalten.[16] Dies lässt sich darin begründen, dass

---

[16]Vgl. Jacobs/Endres/Spengel 2016, S. 344.

Schwellen- und Entwicklungsländer oft Importüberschüsse verzeichnen. Deshalb sind sie auf ausländische Investitionen angewiesen,[17] die sie wiederum über den höheren Quellensteuereinbehalt für sich garantieren.

Aufgrund der höheren praktischen Relevanz des OECD-MA für Deutschland, wird weitergehend grundsätzlich auf diesem aufgebaut.[18] Blickend auf die Mitarbeiterentsendungen sind vor allem die Art. 4 und 15 von hohem Interesse.

Bestimmung der Ansässigkeit, Art. 1 i. V. m. Art. 4

Gem. Art. 1 I gilt das Abkommen für diejenigen Personen, die in einem oder in beiden Vertragsstaaten ansässig sind. Die Rechte und die Befugnis zur Anwendung des Abkommens werden also mit der Ansässigkeit begründet. Daher wird diese zum fundamentalen Baustein der DBA-Anwendung bei Arbeitnehmerentsendungen.[19]

Die Ansässigkeit innerhalb des OECD-MA wird in Art. 4 zwar beschrieben, nicht jedoch legal definiert. Ansässig ist demnach, wer durch seinen Wohnsitz oder ständigen Aufenthalt in einem Vertragsstaat steuerpflichtig ist. Da weder Wohnsitz noch ständiger Aufenthalt innerhalb des OECD-MA definiert werden, fällt die Definition unter innerstaatliches Recht. Es wird dadurch wiederum regelmäßig eine unbeschränkte Steuerpflicht begründet.[20]

Bei Auslandsentsendungen kann es faktisch vorkommen, dass der entsandte Mitarbeiter einen Wohnsitz in zwei verschiedenen Staaten begründet. Würde die Ansässigkeit jedoch allein durch den Wohnsitz begründet, käme es theoretisch zu einer Doppelansässigkeit. Da es diese nicht gibt, löst diese Problematik Art. 4 II mit einer eigenen Rangfolge von Prüfungsschritten, siehe Abb. 2.2, zur Ermittlung der (einfachen) Ansässigkeit.

Zur Bestimmung des Lebensmittelpunkts sieht das FG Baden-Württemberg diesen als *„die familiären und gesellschaftlichen Beziehungen der Person, ihre berufliche, politische, kulturelle und sonstige Tätigkeit, der Ort ihrer Geschäftstätigkeit, der Ort, von wo aus sie ihr Vermögen verwaltet, und ähnliches zu berücksichtigen ist, wobei die Umstände als Ganzes zu prüfen sind."*[21]

---

[17]Vgl. Lehner in Vogel/Lehner 2015, Grundlagen des Abkommensrechts, Rn. 36.

[18]Folgend sind alle Artikel solche des OECD-MA, wenn nicht anders bezeichnet.

[19]Vgl. BMF vom 03.05.2018, Rn. 6 f.

[20]Dazu auch Lehner in Vogel/Lehner 2015, OECD-MA 2014, Art. 4, Rn. 2.

[21]Vgl. FG Baden-Württemberg Urteil vom 18.06.2015.

Abb. 2.2 Prüfschritte zur
Ansässigkeitsermittlung.
(Eigene Darstellung)

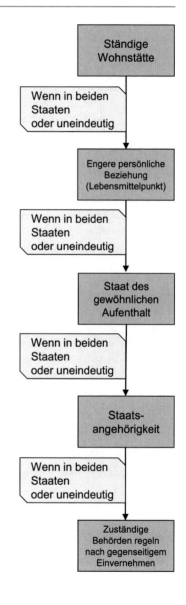

Ebenfalls muss zwischen Ansässigkeits- und Quellenstaat differenziert werden. Anhand der Verknüpfungsintensität der einzelnen wirtschaftlichen Aktivitäten auf den jeweiligen Staat werden Einkünfte dem Ansässigkeits- oder Quellenstaat zugeordnet. Sich auf Vermögensgegenstände beziehende wirtschaftliche Aktivitäten, die in einem Staatsterritorium liegen, werden dort besteuert. Ebenfalls sind auch die Einkünfte aus nichtselbstständiger Arbeit nach dem Belegenheitsprinzip intensiv verknüpft.[22] Einkünfte, die aus einem Angestelltenverhältnis (nichtselbstständige Arbeit) bezogen werden, unterfallen in der Besteuerung daher dem Quellenstaat. Wohingegen der Ansässigkeitsstaat die Einkünfte freistellt, um Doppelbesteuerung desselben Steuerobjekts, des Arbeitslohns, zu vermeiden.

Einkünfte aus unselbstständiger Arbeit, Art. 15
Einkünfte aus unselbstständiger Arbeit werden gem. Art. 15 I nur im Ansässigkeitsstaat des Arbeitnehmers besteuert, außer er übt seine Tätigkeit im anderen Staat aus. Unter diese Einkünfte fallen Gehälter, Löhne und ähnliche Vergütungen, Art. 15 I. Übt der Arbeitnehmer seine Tätigkeit im anderen Staat aus (Tätigkeitsstaat), dann erhält dieser grundsätzlich das Recht der Besteuerung für den bezogenen Arbeitslohn (Arbeitsortprinzip).[23]

Vorbehaltlich steht dem gegenüber jedoch Art. 15 II anzuwenden, welcher besagt, dass grundsätzlich dem Ansässigkeitsstaat das Besteuerungsrecht zusteht, wenn der Arbeitnehmer nicht mehr als 183 Tage in einem Zeitraum von 12 Monaten in dem anderen Staat seine Tätigkeit erbringt. Dabei werden die 183 Tage nicht innerhalb eines Kalenderjahres berücksichtigt, sondern explizit in einem 12-Monats-Zeitraum, der folgerichtig zwei Kalenderjahre schneiden kann. Abgestellt wird dabei auf die physische Anwesenheit des Arbeitnehmers in dem anderen Land[24] und nicht auf die Dauer der Tätigkeit.[25]

Zuordnung des Arbeitslohns auf Auslandstätigkeit
Grundsätzlich haftet der Arbeitgeber für seine Lohnsteuerabführungspflicht gem. § 42d I EStG.

Bei Auslandsentsendungen kann es vorkommen, dass das Unternehmen nicht mehr als arbeitsrechtlicher Arbeitgeber des Expatriates anzusehen ist; trotz allem kann das Unternehmen weiterhin zur Lohnsteuerabführung verpflichtet werden.

---

[22]Vgl. Fey in Beck'sches Steuer- und Bilanzlexikon 2018, Ansässigkeit, Rn. 14.

[23]Vgl. BMF vom 03.05.2018, Rn. 16.

[24]Vgl. BFH Urteil vom 10.05.1989.

[25]Vgl. BFH Urteil vom 12.04.1978 Az.: I R 100/75.

Abb. 2.3 Gesamtarbeitslohn, direkt zugeordneter und verbleibender Arbeitslohn

Zunächst gilt beim Stpfl. zu prüfen, ob der Arbeitslohn unmittelbar den Inlands- und Auslandstätigkeiten zugeordnet werden kann, während bei einer nichtmöglichen Zuordnung der verbleibende tätigkeitsbezogene Arbeitslohn aufzuteilen ist.[26] Allgemein hat die Aufteilung bereits im Lohnsteuerabzugsverfahren unter Ausweisung des steuerfreien Arbeitslohns durch die Auslandstätigkeit über den Arbeitgeber zu erfolgen.[27]

Nach der Aufteilung von Bestandteilen des Arbeitslohns, die sich direkt auf die Auslandstätigkeit zuordnen lassen, wie bspw. Reisekosten, Auslandszulagen oder Gestellung einer Wohnung im ausländischen Tätigkeitsstaat,[28] gilt es, die Aufteilung des verbleibenden Arbeitslohns vorzunehmen.

Dieser verbleibende Arbeitslohn ist das, was vom Gesamtarbeitslohn abzüglich den direkt auf die Auslandstätigkeit zugeordneten Gehaltsbestandteile ergibt, wie sich in Abb. 2.3 erkennen lässt.

Verbleibender, nicht zugeordneter Arbeitslohn, der sich eben nicht direkt auf die Auslandstätigkeit zuordnen lässt, wie u. a. laufende Vergütungen oder

---

[26]Vgl. BMF vom 03.05.2018, Rn. 197.

[27]Vgl. BMF vom 14.03.2017, Rn. 1.

[28]Weitere Aufzählung siehe BMF vom 03.05.2018, Rn. 198.

$$\frac{\text{Nicht zugeordneter Arbeitslohn}}{\text{Gesamtarbeitstage}} \times \frac{\text{Arbeitstage}}{\text{Tätigkeitsstaat}} = \frac{\text{in Deutschland}}{\text{steuerfreier Arbeitslohn}}$$

$$\frac{\text{Nicht zugeordneter Arbeitslohn}}{\text{Gesamtarbeitstage}} \times \frac{\text{Arbeitstage}}{\text{Deutschland}} = \frac{\text{in Deutschland}}{\text{steuerpflichtiger Arbeitslohn}}$$

Abb. 2.4 Gesamtarbeitslohn, direkt zugeordneter und verbleibender Arbeitslohn

Weihnachts- und Urlaubsgelder, ist aufzuteilen, wobei unterjährigen Arbeitslohn-erhöhungen Rechnung zu tragen ist.[29]

Die Zahl der tatsächlichen Arbeitstage innerhalb eines Erdienungszeitraums[30] bildet hieran die Grundlage zur Berechnung des steuerfreien Arbeitslohns. Dabei werden die Arbeitstage im Tätigkeitsstaat von den Gesamtarbeitstagen sub-trahiert. Jene verbleibenden Arbeitstage sind in Deutschland steuerpflichtig, während die Arbeitstage im Tätigkeitsstaat steuerfrei gestellt werden (Abb. 2.4).[31]

Benannte tatsächliche Arbeitstage werden dabei vom BMF wie folgt definiert:

„Die tatsächlichen Arbeitstage sind alle Tage innerhalb eines Kj, an denen der Arbeitnehmer seine Tätigkeit tatsächlich ausübt und für die er Arbeitslohn bezieht. Krankheitstage mit oder ohne Lohnfortzahlung, Urlaubstage und Tage des ganz-tägigen Arbeitszeitausgleichs sind folglich keine Arbeitstage. Dagegen können auch Wochenend- oder Feiertage grundsätzlich als tatsächliche Arbeitstage zu zählen sein, wenn der Arbeitnehmer an diesen Tagen seine Tätigkeit tatsächlich ausübt und diese durch den Arbeitgeber vergütet wird."[32]

Wobei es nicht auf Kalender- oder vertraglich vereinbarte Arbeitstage ankommt. Im Falle, dass sich ein Arbeitnehmer an einem einzigen Arbeitstag sowohl im Tätigkeitsstaat als auch in Deutschland aufhält, so ist der Arbeitslohn zeitanteilig

---

[29]Vgl. BMF vom 03.05.201, Rn. 199.

[30]Grundsätzlich entspricht der Erdienungszeitraum dem Kalenderjahr; bei Beendigung oder Neuaufnahme des Arbeitsverhältnisses verkürzt sich der Erdienungszeitraum auf die Dauer des Arbeitsverhältnisses, vgl. BMF vom 03.05.2018, Rn. 209.

[31]Vgl. BMF vom 03.05.2018, Rn. 200.

[32]BMF vom 03.05.2018, Rn. 201.

aufzuteilen.[33] Kritisch zu betrachten ist bei der Grundlage der tatsächlichen Arbeitstage, dass auf lange, vielleicht über Jahre hinweg andauernde Auslandsentsendungen Bestimmungsschwierigkeiten auftreten können. Vor dem BMF-Schreiben vom 03.05.2018 entsandte Arbeitnehmer, die sich bspw. über fünf Jahre im Ausland befinden, haben ggf. nicht unbedingt eine tagesgenaue Erfassung ihrer Arbeitstage durchgeführt. Auch wird es innerbetrieblich schwerfallen, Krankheitstage oder Urlaubstage eines Arbeitnehmers zu ermitteln, die bereits Jahre in der Vergangenheit liegen.

Um später auftretende Nachweisschwierigkeiten zu vermeiden und das Risiko einer Doppelbesteuerung des Arbeitslohns möglichst auszuschließen, gilt eine präzise Arbeits- und Datenerfassungspflege bei Expatriates und Arbeitgeber. Die mindestens tagesgenaue Führung von Reisekalendern durch den Expatriate, bei Eintragung der Inlands- und Auslandstage sowie von Urlaubs- und Krankheitstagen und eine Überwachung dieser Datenpflege von der Unternehmensseite können spätere Schwierigkeiten mit der Finanzverwaltung minimieren. Ebenfalls zum Nachweis dienen Stundenprotokolle oder Reisekostenabrechnungen.[34]

Den Nachweis über Tätigkeitsausübung in einem anderen Staat samt der Tätigkeitsdauer hat der Stpfl. gem. § 90 II AO vorzulegen. Hierbei fällt die Nachweispflicht des Stpfl. auch darauf, dass die Einkünfte im Ausland besteuert wurden oder der ausländische Staat auf eine Besteuerung verzichtet hat.[35]

Progressionsvorbehalt

Deutschland hat einen progressiv ansteigenden Steuersatz. Der Steuersatz steigt mit jedem zuverdienten Euro, also nach Leistungsfähigkeit des Stpfl.

Beim Progressionsvorbehalt geht es praktisch betrachtet darum, dass sich der Staat die Progression in dem Sinne vorbehält, als dass er diese auf das Einkommen hinzurechnet. Hat der Stpfl. durch ein DBA in Deutschland besteuerungsfrei gestellte Einkünfte, werden diese jedoch auf seinen Steuersatz angerechnet. Er bezahlt also dann den prozentualen Steuersatz, den er gehabt hätte, wären die Einkünfte in Deutschland erdient worden.

Wenn nach innerstaatlichem Recht ganzjährig oder zumindest zeitweise eine unbeschränkte Steuerpflicht beim Stpfl. vorliegt, die Einkünfte durch DBA-Anwendungen jedoch in der Bundesrepublik freizustellen sind, werden

---

[33]Vgl. BMF vom 03.05.2018, Rn. 214.
[34]Vgl. BMF vom 03.05.2018, Rn. 196.
[35]Vgl. BMF vom 03.05.2018, Rn. 47.

die freigestellten Einkünfte dahingegen dem Progressionsvorbehalt gem. § 32 b
I Satz 1 Nr. 2 bzw. 3 EStG unterstellt. Dies funktioniert indes nur, wenn weder
nach DBA-Recht noch nach innerstaatlichem Recht eine Rückfallklausel anzuwenden ist.

Liegt kein DBA vor, sondern ein sonstiges staatliches Übereinkommen,
besagt § 32b I Nr. 4 EStG, dass innerhalb dieses zur Steuerfreistellung explizit
geschrieben stehen muss, dass die Einkünfte dem Progressionsvorbehalt zu unter-
werfen sind. Folglich reicht es nicht aus, wenn im Abkommen lediglich kein
Verbot der Unterwerfung ist, die Zulassung muss ausdrücklich innerhalb des
Abkommens Erwähnung finden.[36]

Die Höhe der dem Progressionsvorbehalt zu unterwerfenden Einkünfte ist
nach deutschem Steuerrecht zu ermitteln.[37] Zu berücksichtigen ist dies deshalb,
da einige ausländische Steuervorschriften dabei bewusst keine Anwendung finden, wie bspw. vorweggenommene Werbungskosten bei Umzug ins DBA-Aus-
land.[38] Dennoch wird der Arbeitnehmer-Pauschbetrag gem. § 9 S. 1 Nr. 1 a) EStG
in Höhe von EUR 1000,– abgezogen oder aber die tatsächlichen Werbungskosten,
sofern sie in Korrelation mit den Einkünften aus nichtselbstständiger Arbeit stehen und den Pauschbetrag übersteigen.[39]

2.2.2 Auslandstätigkeitserlasse

Wie in Abschn. 2.2 beschrieben, erstrecken sich die Möglichkeiten zur
Besteuerungsfreistellung des Arbeitslohns durch die bilateralen Doppelbesteuerungsabkommen Deutschlands auf über 100 Staaten weltweit. Damit
sind viele Staaten dennoch nicht eingeschlossen und eine Vermeidung doppelter
Besteuerung so nicht möglich.

Bei Entsendungen ins Nicht-DBA-Ausland gibt es außerdem in den meisten
Fällen die weitere Freistellungsmethode in Form eines Auslandstätigkeitserlasses.
Dieser gewährleistet weitergehende einfache Besteuerung als lediglich mit den
DBA-Staaten.

---

[36]Vgl. BMF vom 03.05.2018, Rn. 40.
[37]Vgl. BMF vom 03.05.2018, Rn. 41.
[38]Vgl. BFH Urteil vom 20.09.2006.
[39]Vgl. BMF vom 03.05.2018, Rn. 42.

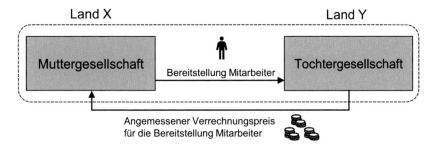

Abb. 2.5 Darstellung Verrechnungspreise im Konzern bei Mitarbeiterentsendung

2.3 Verrechnungspreise als Risiko

Neben der Doppelbesteuerung als Risiko für den entsandten Arbeitnehmer gibt es auch auf der Seite des Unternehmens Risiken bei Mitarbeiterentsendungen, vor allem bei Entsendungen innerhalb des Konzerns. Art. 9 I OECD-MA, mit Vorschriften zu verbundenen Unternehmen, eröffnet die Möglichkeit von Gewinnkorrekturen innerhalb dieser. Damit eröffnet Art. 9 I OECD-MA die praktische Anwendung von Verrechnungspreisen.[40] Auf Verrechnungspreise wird innerhalb des Konzerns auch bei Mitarbeiterentsendungen gesetzt. Hierbei werden zwischen zwei verbundenen Unternehmen für die Mitarbeiterüberlassung innerbetrieblich Kosten verrechnet, wie Abb. 2.5 grafisch darstellt.[41] Dabei müssen angemessene Verrechnungspreise in Rechnung gestellt werden, da sonst Gewinnverlagerungen innerhalb des Konzerns unterstellt werden können.

Nicht allein dem Risiko, dass Verrechnungspreise nicht der Angemessenheit entsprechen und damit horrende Steuernachzahlungen auf die Unternehmen zukommen können, ist Rechnung zu tragen. In Zeiten aggressiver Steuergestaltungstaktiken gilt es auch, die Tragweite öffentlicher Denunziation durch die Medien aufgrund der Verlagerung von Steuersubstrat und damit einhergehender Reputationsschädigung der Marke hoch anzusetzen.[42]

---

[40]Vgl. Mennen/Schellert/Wolf 2013, S. 137 f.

[41]Verrechnungspreise erstrecken sich nicht nur auf Mitarbeiterentsendungen, sondern sind für sämtliche Dienstleistungen, Güter, Darlehen etc., die im Konzern ausgetauscht werden, zu entrichten.

[42]Dawid 2016, S. 2.

Die Angemessenheit rückt seit einigen Jahren in beiden Ländern, dem Land des entsendenden und des empfangenden Unternehmens, stark in den Fokus der von Betriebsprüfungen gelangen.[43]

2.3.1 Fremdvergleichsgrundsatz und Veranlassungsprinzip

Zur Erläuterung von Verrechnungspreisen und deren angemessener Bestimmung, auch bei Auslandsdelegationen im Konzern, kann die OECD-Verrechnungs-preisleitlinie 2017 herangezogen werden. Für die Verwaltung dient zugleich das Glossar „Verrechnungspreise" als Arbeitshilfe.[44] In diesem Abschnitt wird jene OECD-Verrechnungspreisleitlinie die Basis darstellen, um Funktion wie auch Wichtigkeit der Verrechnungspreise zu verdeutlichen.

Damit bei Verrechnungspreisen Gewinne nicht willkürlich verschoben wer-den, gilt der auch in Art. 9 I OECD-MA indirekt genannte und von Deutsch-land in vielen DBA inkludierte Fremdvergleichsgrundsatz.[45] Zur Bestimmung von angemessenen Verrechnungspreisen ist der Fremdvergleichsgrundsatz inter-national anerkannt.[46] Dabei folgt der Fremdvergleichsgrundsatz der Annahme, dass die Unternehmen eines Konzerns auf internationaler Ebene als selbstständige Unternehmen handeln. Deshalb sollen zwischen den verbundenen Unternehmen vergleichbare Preise für vergleichbare Leistungen gelten, die üblicherweise auch mit Geschäftspartnern bzw. Kunden gelten würden.[47] Vorteile in der Bestimmung nach dem Fremdvergleichsgrundsatz finden sich vor allem darin, dass dieser eine Gleichbehandlung eines multinationalen Konzerns und von nichtverbundenen Unternehmen ermöglicht, ohne dabei neue steuerliche Vor- oder Nachteile zu erzeugen, die letztlich den Wettbewerb beeinflussen könnten.[48]

Neben dem Fremdvergleichsgrundsatz liegt auch das Veranlassungsprinzip der Bestimmung von Verrechnungspreisen zugrunde. Immerhin muss ebenfalls eine begründete Veranlassung vorliegen, warum überhaupt eine Leistung bei einem verbundenen Unternehmen in Rechnung gestellt werden soll. Folglich betrachtet

---

[43]Bereits 2010 beschrieben von Brähler 2010, S. 441.

[44]Vgl. BMF vom 19.05.2014.

[45]Vgl. Vögele/Borstell/Engler 2015, Kap. C, Rn. 1.

[46]Vgl. BMF vom 07.06.2017.

[47]Vgl. OECD 2018, S. 35, Rn. 1.6.

[48]Vgl. OECD 2018, S. 36, Rn. 1.8.

das Veranlassungsprinzip, ob die Aufwendung im Gesellschaftsverhältnis überhaupt begründet war. Dabei muss die Aufwendung begründet sein, um sich im
Marktgeschehen einzubringen, oder sogar fördern, letztlich wirtschaftliche Ein-
nahmen zu erzielen.

Zusammenfassend wird der Verrechnungspreis anhand des Veranlassungs-
prinzips und des Fremdvergleichsgrundsatzes bestimmt: War die Mitarbeiterentsendung betrieblich veranlasst und auch in ihrer Veranlassung notwendig, gilt die
Überlegung, wie hoch eine solche Mitarbeiterbereitstellung an einen nicht verbundenen Dritten in Rechnung gestellt würde. Grund für die Bestimmung eines
Verrechnungspreises ist hier, dass mit einer Mitarbeiterentsendung im Konzern
ein Know-how-Transfer einhergeht.[49] Damit wird ein Mehrwert aufseiten des
empfangenden Unternehmens generiert. Ein fiktiver Rechnungspreis, wie er an
einen Dritten gestellt würde, entspricht dabei dem Fremdvergleichsgrundsatz,
wird als Verrechnungspreis veranschlagt und zwischen den verbundenen Unternehmen in Rechnung gestellt.

Alternativ liegt neben dem mehrheitlich angewandten Fremdvergleichsgrundsatz auch die Profit-Split-Methode (PSM) zugrunde, welche von der Finanzverwaltung verlangt wird, sollte der Fremdvergleichsgrundsatz nicht verlässlich
anwendbar sein.[50] Bei der PSM werden aus einer Transaktion von mindestens
zwei nahestehenden Unternehmen die entstandenen Gewinne in wirtschaftlich
begründeter Weise aufgeteilt und dem jeweiligen beteiligten Unternehmen
zugeordnet.[51]

2.3.2 Verrechnungspreise bei Mitarbeiterentsendungen

Eine vollumfängliche Darstellung der Verrechnungspreise in Bezug auf Mitarbeiterentsendungen ist im Rahmen dieses Reports kaum möglich. Deshalb
kann lediglich kurz dargestellt werden, auf welchem Weg unter anderem Mitarbeiterentsendungen konzernintern verrechnet werden können. Hierzu wird
angenommen, dass die Mitarbeiter entsandt werden, um eine Dienstleistung im
verbundenen Unternehmen zu erbringen, da sonstig noch eine Abgrenzung zur
Dienstleistung notwendig wäre.

---

[49]Vgl. Kriens 2009, S. 11.
[50]Vgl. Der Betrieb 2018, S. M10.
[51]Vgl. Der Betrieb 2018, S. M10.

Zunächst gilt zu ermitteln, ob die konzerninterne Dienstleistung überhaupt erbracht wurde, damit dem Verrechnungspreis auch ein Gegenwert gezollt ist. Nach dem Fremdvergleichsgrundsatz ist eine Dienstleistung innerhalb des Konzerns dann erbracht, wenn das leistende Unternehmen eine Dienstleistung erbringt, die dem beleisteten Unternehmen Nutzen stiftet oder gar einen wirtschaftlichen Vorteil bringt (Vorteilstest).[52] Die Erbringung gilt als belegt, wenn ein festgestellter Bedarf an der Leistung bei den mit dem leistungserbringenden Unternehmen verbundenen Unternehmen nachgewiesen werden kann.[53] Bedarf bejaht die OECD grundsätzlich bei administrativen Leistungen (Rechtsberatung, Controlling, Buchhaltung etc.), Finanzdienstleistungen sowie sämtlichen Unterstützungen bei Produktions-, Einkaufs-, Marketings und Vertriebsaufgaben, Personalangelegenheiten (Workshops etc.).[54]

Wenn die Leistung tatsächlich erbracht ist, gilt ebenso Überlegung anzustellen, ob die Leistung honoriert werden muss; im Falle dessen sollte der Verrechnungspreis dem Fremdvergleichsgrundsatz entsprechen.[55] Bei einer Dienstleistung zwischen verbundenen Unternehmen ist der Fremdvergleichspreis aus Sichtweise von Leister und Beleistetem zu betrachten.[56] Anzustellen ist dann die Überlegung, zu welchem Preis der Beleistete dieselbe Dienstleistung auch von einem Dritten bezogen hätte.[57] Zur Verrechnungspreisbestimmung in oben benannten Dienstleistungen bietet sich vor allem die Kostenaufschlagsmethode an[58], alternativ trägt die OECD vor, dass bei juristischen oder buchhalterischen Dienstleistungen wiederum die Preisvergleichsmethode naheliegt.[59] Jedoch wird davon ausgegangen, dass Mitarbeiterentsendungen eher zur Beisteuerung von Projekten dienen, der Entwicklung von Führungskräften Beitrag leisten oder personalentwicklerische Tätigkeiten, u. a. Schulungen, ableisten. Deshalb wird bei dieser Gelegenheit die Kostenaufschlagsmethode weiter herangezogen.

Im Rahmen der Kostenaufschlagsmethode werden anfänglich alle direkten Kosten einbezogen, zu welchen auch indirekte Kosten, wie bspw. Kosten für

---

[52]Vgl. OECD 2018, S. 353 f., Rn. 7.6.

[53]Vgl. OECD 2018, S. 353 f., Rn. 7.8.

[54]Vgl. Mennen/Schellert/Wolf 2013, S. 145.

[55]Vgl. OECD 2018, S. 358, Rn. 7.15.

[56]Vgl. OECD 2018, S. 362, Rn. 7.29.

[57]Vgl. OECD 2018, S. 362, Rn. 7.29.

[58]Vgl. OECD 2018, S. 363, Rn. 7.31; Mennen/Schellert/Wolf 2013, S. 142.

[59]Vgl. OECD 2018, S. 363, Rn. 7.31.

Abb. 2.6 Ermittlung fremdvergleichbarer Verrechnungspreise mithilfe der Kostenaufschlagsmethode

Arbeitsmaterialien, Anreise etc., addiert werden.[60] Zu den direkten und indirekten Kosten, die dem leistenden Unternehmen entstehen, ist ein handels- bzw. branchenähnlicher Gewinnaufschlag hinzuzurechnen.[61] Abb. 2.6 stellt die Verrechnungspreisbestimmung mit der Kostenaufschlagsmethode vereinfacht grafisch dar.

Jener Gewinnaufschlag sollte einmal in einem inneren und einem äußeren Preisvergleich, also entsprechend der Üblichkeit im Betrieb und der Branche, verglichen werden. Beim branchenüblichen Preisvergleich wird verglichen, welche Preise fremde Dritte einander in Rechnung stellen.[62]

Zusammengefasst lässt sich sagen, dass Mitarbeiterentsendungen regelmäßig als Dienstleistungen angesehen werden können. Unternehmen stellen sich innerhalb des Konzerns fremdvergleichbare Verrechnungspreise in Rechnung, die hinsichtlich der Mitarbeiterentsendungen über die Kostenaufschlagsmethode berechnet werden können. Hiermit können die verschiedenen Unternehmen die jeweils erzeugten Mehrleistungen gegenseitig verrechnen und damit die Gewinne des Konzerns in den einzelnen Unternehmen besser veranschlagen. Zur Nachvollziehbarkeit für die Steuerverwaltung sollte unbedingt umfassend dokumentiert werden.

---

[60]Vgl. Mennen/Schellert/Wolf 2013, S. 146.

[61]Vgl. Brähler 2010, S. 449.

[62]Vgl. Brähler 2010, S. 447; z. B. mit Hilfe von Benchmarking, vgl. Scharf/Robles 2016.

Mitarbeiterentsendungen nach dem Brexit

3

Durch den erst am 23.06.2016 abgestimmten EU-Austritt von Großbritannien ist die Literatur zu der Thematik größtenteils nur einige Monate bis Jahre alt, jedoch grundlegend einig: Diese Entscheidung wird ein historisches Ereignis der politischen und wirtschaftlichen Entwicklung in Europa und wahrscheinlich sogar eines der wichtigsten unseres Jahrzehnts. Zur Abgrenzung, wie sich die Mitarbeiterentsendung nach dem Brexit darstellt, ist zunächst eine Betrachtung des EU-Binnenmarktes und jener Vorteile, die das Unionsrecht hierbei mit sich bringt, notwendig.

3.1 Vorzüge von Entsendungen auf dem EU-Binnenmarkt

Als Binnenmarkt wird ein Markt bezeichnet, der sich über die Grenzen mehrerer Länder erstreckt und die jeweiligen nationalen Wirtschaftsräume zu einem gemeinsamen zusammenführt. Der Binnenmarkt der Europäischen Union gilt dabei als der größte gemeinsame Markt der Welt. Auf jenem Binnenmarkt haben die Mitgliedstaaten der EU Vorzüge, wenngleich auch Verpflichtung, diese Vorzüge gegenseitig zu gewähren. Zur möglichst barrierefreien Gestaltung des Binnenmarktes sind zahlreiche Werkzeuge in den Verträgen zur Europäischen Union verankert.

Grundpfeiler des EU-Binnenmarktes sind unter anderem die gemeinsamen Zollaußengrenzen der EU, ausgestaltet in der Zollunion, die in Art. 28 I AEUV kodifiziert ist. Die Zollunion beinhaltet im Wesentlichen, dass die EU einen gemeinsamen Außenzolltarif einrichtet, die gegenseitigen Zölle der

© Springer Fachmedien Wiesbaden GmbH, ein Teil von Springer Nature 2019
K. N. Moseler, *Mitarbeiterentsendung und Brexit*, essentials,
https://doi.org/10.1007/978-3-658-26676-9_3

Mitgliedstaaten aufhebt und die Zolleinnahmen aufteilt.[1] Damit wird europäischen Unternehmen der Vorzug gewährt, innerhalb der kompletten Europäischen Union Produktionsstätten und Absatzmärkte zu erschließen, ohne mit Zollproblematiken und -zahlungen konfrontiert zu werden. Für europäische Unternehmen wird die wirtschaftliche Attraktivität des europäischen Binnenmarktes damit erhalten. Der Anreiz besteht folglich vor allem darin, die Produktion nicht in außereuropäische Gebiete zu verlagern.

Beispielhaft hat die BMW AG drei große Werke[2] in England, wie auch diverse Automobilzulieferer und selbst der größte deutsche Versicherer, die Allianz SE, hat über ihre britische Tochtergesellschaft, der Allianz Insurance Plc., mehr als ein Dutzend Niederlassungen in Großbritannien.[3] Bei grenzüberschreitenden Tätigkeiten in Dienstleistung, Produktion und Vertrieb findet auch reger Mitarbeiteraustausch statt und Entsendungen sind auf dem europäischen Markt keine Seltenheit.

Sozialversicherungsrechtliche Vereinfachung[4] ermöglicht in diesen Prozessen auf Arbeitnehmerseiten das Mitführen einer A1-Bescheinigung. Diese gewährleistet entsandten Arbeitnehmern, nicht in zwei Staaten Sozialversicherung abführen zu müssen, um ihre soziale Sicherheit zu wahren.

Selbst steuerliche Hürden zwischen den Mitgliedstaaten werden bewusst harmonisiert; etwa durch die Einführung des innergemeinschaftlichen Erwerbs, dessen Voraussetzungen § 1a UStG regelt und der den Erwerb von umsatzsteuerpflichtigen Waren im Bestimmungsland besteuert und im Ursprungsland steuerfrei stellt.[5]

Hinsichtlich der Doppelbesteuerung von Arbeitslöhnen bei Entsendungen ergibt sich weiter ein besonderer Vorzug durch das Unionsrecht: Im sogenannten E.N.E.L.-Urteil[6] des EuGH 1964 beansprucht dieser erstmals die absolut vorrangige Anwendung von Unionsrecht vor allem nationalen Recht der Mitglied-

---

[1] Vgl. Herrmann in G/H/N 2018, Art. 28 AEUV, Rn. 34.

[2] In Oxford, Swindon und Hams Hall, vgl. BMW 2018.

[3] U. a. Birmingham, Manchester, London u. v. m., vgl. Allianz 2018.

[4] Die Sozialversicherung ist in der Praxis ebenfalls von hoher Wichtigkeit. Da der Fokus jedoch auf wirtschaftlichen und steuerlichen Aspekten der Entsendung liegt, wird die Sozialversicherung lediglich knapp betrachtet.

[5] Vgl. § 4a Nr. 1 b UStG, § 6a UStG.

[6] Vgl. EuGH Urteil vom 15.07.1964.

staaten. Aufgrund der Aussetzung von nationalem Recht der Mitgliedstaaten werden DBA untereinander ergo auf Eis gelegt.[7]

Zum Schutz des europäischen Binnenmarktes gilt eine juristische Doppelbesteuerung innerhalb der Union als Verstoß gegen die Grundfreiheiten. Daher werden Expatriates bei Auslandsentsendungen auch ohne bestehende DBA zwischen den Mitgliedstaaten durch das Unionsrecht vor einer Doppelbesteuerung des Arbeitslohns geschützt.

Unter anderem obige Instrumentarien realisieren und gewährleisten den europäischen Binnenmarkt – ebenso zum Vorteile Deutschlands als Exportnation.

3.2 Unsicherheiten durch den bevorstehenden Brexit

Andauernde ergebnislose Vertragsverhandlungen zwischen EU und dem Vereinigten Königreich schüren Unsicherheiten hinsichtlich der Folgen nach dem EU-Austritt ungemein. Auch die Bundesrepublik Deutschland wird nach dem Brexit-Ereignis wirtschaftlich und politisch betroffen sein. Seit Jahren ist das Vereinigte Königreich ein wichtiger Abnehmer für die deutsche Exportwirtschaft: Im Zeitraum von 2010 bis 2017 haben deutsche Exporte nach Großbritannien um etwa +42,82 % zugenommen.[8] Aufgrund ansteigender Renditen aus Exportumsätzen gewann Großbritannien für viele deutsche Unternehmen an Bedeutung. Erkennen lässt sich dies u. a. an einem Plus der für Deutschland grundlegend wichtigen Automobilindustrie von +56,99 % in den Jahren 2010 bis 2017.[9]

Durch den geplanten Austritt des Vereinigten Königreichs aus der Europäischen Union kommen vermehrt Unsicherheiten zum weiteren Status Großbritanniens als Handelspartner der Bundesrepublik Deutschland auf. Deutschland bezieht zur Entwicklung des Brexits starke Position, vor allem im Dilemma mit der Angst vor einer Schwächung der Exportwirtschaft nach Großbritannien: Das bayrische Außenwirtschaftsportal erkennt an, dass die wohl größte Verunsicherung in 2018 dem EU-Austritt des Vereinigten Königreichs geschuldet ist.[10] Da Neuregelungen nach dem Brexit die Entwicklung der gesamten europäischen Wirtschaft beeinflussen werden, streben sowohl EU als auch Deutschland

---

[7]Vgl. Lehner in Vogel/Lehner 2015, Grundlagen des Abkommensrechts Rn. 259.

[8]Vgl. Außenwirtschaftsportal Bayern – Export nach GB, Vergleich 2010 mit 2017.

[9]Vgl. Außenwirtschaftsportal Bayern – Vergleich Kraftfahrzeugexporte 2010 mit 2017.

[10]Vgl. Außenwirtschaftsportal Bayern vom 03.09.2018.

möglichst faire Austrittsbedingungen an.[11] Mit dem am 27.09.2018 erlassenen Gesetz, britische Staatsbürger nach dem Brexit weiterhin auch das deutsche Beamtentum ausüben zu lassen, wird die schlichtende Haltung Deutschlands in den Verhandlungen offenbar.

Zugleich bezieht Bundesaußenminister Heiko Maas klare Stellung, keine Schwächung des EU-Binnenmarktes zu dulden und keine Sonderregelungen für Großbritannien zu schaffen, wenngleich sie zum Binnenmarkthandel eingeladen sind.[12] Mit dieser Stellungnahme ist ein eindeutiger Aktionsrahmen aus deutscher Sicht gesteckt.

Weitere Risiken betreffen Unternehmen direkt an ihrem Fundament: Gesellschaften mit Rechtsformen des Vereinigten Königreichs werden nach dem Brexit bei Verwaltungssitz in Deutschland nicht mehr englischem, sondern deutschem Recht unterworfen. Zusätzlich würden sie mangels besonderer Gründungsakte als Personengesellschaften angesehen, da die Rechtsformen der GmbH oder AG eine Eintragung in das Handelsregister erfordern, womit die Haftungsbeschränkungen bspw. bei 30.000–40.000[13] in Deutschland verwalteten Ltds. wegfallen würden.[14]

Generell wird der Handel mit dem Vereinigten Königreich vielerseits erschwert werden: Bspw. sehen sich Banken, Versicherungen und andere Finanzdienstleister in der Bredouille, da die Bestandsgeschäfte keiner konkreten Vereinbarung zwischen den EU-Mitgliedstaaten und dem Vereinigten Königreich unterstehen und so deren Bestand gefährdet sein könnte.[15]

Zur gesamten Allgemeinunsicherheit des Brexits sind Stimmen laut geworden, die eine Prüfung zur Rücktrittsmöglichkeit vom Brexit-Votum fordern: Neben einer Großdemonstration mit weit über einer halben Millionen Teilnehmern[16] in London hatte zuvor ein schottisches Gericht Anfrage im Eilverfahren vor dem EuGH vorgelegt, um eine mögliche Frist zur Rückabwicklung im laufenden Austrittsverfahren gem. Art. 50 EUV feststellen zu lassen.[17] Gleichfalls lässt die Europaparlamentswahl auf einen neuen Ausblick und ein Ende der Brexit-Unsicherheiten hoffen. Eine finale Klärung der Folgen wird jedoch mit der

[11]Vgl. Auswärtiges Amt vom 09.10.2018.

[12]Vgl. Auswärtiges Amt vom 29.08.2018.

[13]Vgl. Thurow 2018, S. 354.

[14]Vgl. Zwirlein/Großerichter/Gätsch 2017, S. 1046; Seeger 2016, S. 1819; Merkt in MüKo 2018, § 11, Rn. 113a.

[15]Vgl. Merkt/Culler 2018, S. 40815905.

[16]Etwa 570.000 Demonstranten, vgl. Demmer 2018.

[17]Vgl. Redaktion beck-aktuell 2018 (1), 2011132.

Möglichkeit auf einen Rücktritt vom Brexit oder ein Zweitvotum nicht deutlicher. Deshalb werden mögliche Ausgangsszenarien wie auch eine Sicherung durch das bilaterale DBA mit Großbritannien in diesem Kapitel ausführlich dargestellt. Die Mitarbeiterentsendung nach Großbritannien wird unter sich ändernden Rahmenbedingungen betrachtet.

3.3   Fortbestehen des Doppelbesteuerungsabkommens

Versichert werden kann, dass allgemein ab Vollzug des Brexits nicht direkt der schlagartige Wegfall des Vereinigten Königreichs zu befürchten ist. Der Entwurf des Austrittsabkommens erkennt einen Übergangszeitraum nach dem Austritt bis zum 31.12.2020 an. Damit soll den Bürgerinnen und Bürgern eine gewisse Gewöhnungsphase zugestanden werden.[18]

Dem zum Trotz fällt sämtliche EuGH-Rechtsprechung wie auch das Unionsrecht in Anwendung auf Großbritannien mit dem Brexit weg. Darunter auch das E.N.E.L-Urteil von 1964, das die vorrangige Unionsrechtsanwendung vor allem Recht der einzelnen Mitgliedstaaten verlautet hat. Vorzüge wie die Zollfreiheit, vereinfachte Anwendung der Sozialversicherung und die Vermeidung von Doppelbesteuerung durch Sicherung der Grundfreiheiten auf dem Binnenmarkt gibt es dann schlichtweg nicht mehr.

Von nahezu 55 % der Umfrageteilnehmer (U 2, vgl. Kap. 1) wird der Brexit als eher problematisch eingeschätzt.[19] Im Rahmen von U 1 wird noch eine weitere Unsicherheit auffällig: Insgesamt gaben etwa 37,4 % der Abstimmenden an, dass es einkommensteuerrechtliche Änderungen nach dem Brexit geben wird. Annähernd jeder dritte dieser Abstimmenden wiederum gab an, nach dem EU-Austritt von Großbritannien gäbe es neue Unsicherheiten auf dem Gebiet der Mitarbeiterentsendungen und der Doppelbesteuerung. Etwa 6,25 % der Abstimmenden äußerten sogar Bedenken, dass jenes bestehende Doppelbesteuerungsabkommen mit Großbritannien vielleicht geändert oder aufgehoben werden könnte. Doch verweist die Bundesregierung darauf,

---

[18]Vgl. Auswärtiges Amt vom 05.09.2018.
[19]54,92 %, 212 von 386 Abstimmenden.

„[…] dass es zwischen Großbritannien und Deutschland ein Doppelbesteuerungsabkommen gibt. Sofern die Regelungen des Doppelbesteuerungsabkommens nach
einem Brexit nicht mehr durch das EU-Recht oder andere formelle Gesetze modi-
fiziert würden, ‚leben sie wieder auf und entfalten uneingeschränkt Wirkung.‘"[20]

Und genau an dieser Stelle muss separiert werden: Bisher wurde die Doppelbesteuerung in Sachverhalten zwischen dem Vereinigten Königreich und der
Bundesrepublik Deutschland durch die Grundfreiheiten des EU-Binnenmarktes
geschützt. Der EU-Austritt Großbritanniens bedeutet einen Austritt aus den
Verträgen zwischen Europa und dem Vereinigten Königreich sowie aus der
Rechtsprechung des EuGHs. Damit entfällt zwar das Unionsrecht, nicht aber
die zwischenstaatlichen Verträge Deutschlands und Großbritanniens: Doppelbesteuerungsabkommen sind bilaterale Verträge, werden somit zwischen zwei
Parteien geschlossen. Ein Fortbestehen des DBA und etwaig eine aktivere Auf-
hebung der Regelungen sind somit unkritisch, auch nach einem Brexit. Ab dem
Wegfall des Unionsrechts setzen die allgemeinen Funktions- und Anwendungs-
weisen des DBA ein.

Schwierigkeiten könnten dadurch entstehen, dass das OECD-MA keinen bin-
denden Charakter hat und aus 2017 stammt, während das DBA-GB bereits 2010
geschlossen wurde. Die für Mitarbeiterentsendungen relevanten Artikel stimmen
jedoch inhaltlich überein, lediglich der Art. 15 OECD-MA ist an anderer Stelle,
nämlich Art. 14 DBA-GB, zu finden. Darüber hinaus sind die Abkommen hinsichtlich Entsendungen identisch.[21] Die Anwendung des DBA-GB wäre schlussfolgernd gleich mit dem bereits erläuterten Beispiel des OECD-MA.

Risiken für die Mitarbeiterentsendungen sind vor allem auf wirtschaftlicher
Ebene zu suchen, denn mit dem Wegfall des EU-Binnenmarktes und dessen Vor-
zügen in Großbritannien ergeben sich verschiedentlich neue Ausgangssituationen.
Unternehmen müssen sich neu orientieren und etwaig eingespielte Prozesse jus-
tieren, um geänderten Marktbedingungen zu begegnen. Daraus lassen sich wiederum betriebswirtschaftliche und steuerliche Auswirkungen herleiten.

---

[20]Deutscher Bundestag 2018.
[21]Vgl. Art. 4, 9, 15 OECD-MA 2017 mit Art. 4, 9, 14 DBA-GB 2010.

3.4   Szenarien für Mitarbeiterentsendungen nach dem Brexit

Häufig wird in den bestehenden Diskussionen zwischen einem harten und einem weichen Brexit unterschieden. Der harte Brexit beschreibt, dass im Verhältnis zwischen EU und Großbritannien nach dem Austritt keinerlei Beziehungen vorlägen – vergleichbar bspw. mit Kanada –, während der weiche Brexit einen Austritt mit nachträglichen Anbindungen Großbritanniens an die EU erklärt, wie es u. a. bei Norwegen über EFTA und EWR der Fall ist.

Die Europäische Freihandelsassoziation, EFTA, wurde als internationale Organisation zur Förderung von Wirtschaftswachstum, Vollbeschäftigung und Wohlstand der Mitgliedstaaten 1960 ins Leben gerufen. Der EWR-Vertrag wiederum wurde 1993 als vertiefte Freihandelszone zwischen den EFTA-Mitgliedstaaten, ausgenommen der Schweiz, und der EU geschlossen, um die EFTA-Mitgliedstaaten in den Binnenmarkt zu integrieren.[22]

Spekulationen um den Ausgang und die Folgen des Brexits werden vor allem von vier Möglichkeiten dominiert: Möglichkeiten eines Freihandelsabkommens oder einer Zollunion[23] werden genauso laut, wie Ideen, dass sich Großbritannien über den EWR oder eine vertiefte Freihandelszone wie der EFTA[24] angliedern könnte. Insgesamt finden sich dazu meist nüchterne Gegenüberstellungen ohne Betrachtung der Wahrscheinlichkeit, mit der ein Szenario eintreten könnte. Mit dem Ausscheiden aus dem europäischen Binnenmarkt verändern sich die wirtschaftlichen Rahmenbedingungen in Großbritannien für viele Unternehmen massiv. Die Entscheidung von Mitarbeiterentsendungen hängt neben der wirtschaftlichen Attraktivität der Entsendung auch von den Hürden dieser ab. Da die verschiedenen Folgeszenarien zum Brexit auch verschiedene Risiken und Möglichkeiten bieten, ist der Eintrittswahrscheinlichkeit der Szenarien eine höhere Stellung beizumessen. Grundlage für die Bemessung der Wahrscheinlichkeit bieten die beiden oben erwähnten Umfragen.

Zunächst wird aufgezeigt, welche herrschenden Meinungen aus den Umfragen U 1 und U 2 hervorgehen und welche Ausgangsszenarien völlig unwahrscheinlich scheinen. Die Frage, zu den als am wahrscheinlichsten eintretenden Folgeszenarien nach einem vollzogenen Brexit wurde von 750 Teilnehmenden beantwortet.

---

[22]Vgl. Herder 2018, S. 515.

[23]Vgl. Außenwirtschaftsportal Bayern vom 03.09.2018.

[24]Vgl. Teichmann/Knaier 2016, S. 244.

Gegeben waren verschiedene Szenarien des geordneten, weichen Brexits. Im Rahmen der Umfragen U 1 und U 2 werden tatsächlich jeweils eine herrschende Meinung für und eine herrschende Meinung gegen ein gewisses Szenario für die Folgen des Brexits offensichtlich. Auffallend ist dabei zugleich, dass sich die Ergebnisse der Umfrage des Beratungs- und Prüfungssektors mit jenen der Allgemeinmeinung decken:

Umfrage 1

h. M. wahrscheinlichstes Szenario (51,36 %):   Freihandelsabkommen
h. M. unwahrscheinlichstes Szenario (14,64 %):   kein Brexit

Umfrage 2

h. M. wahrscheinlichstes Szenario (60,23 %):   Freihandelsabkommen
h. M. unwahrscheinlichstes Szenario (18,44 %):   kein Brexit

Durch die Deckung und auffallende Mehrheit beider Umfragen über das Zustandekommen eines Freihandelsabkommens zwischen der Europäischen Union und dem Vereinigten Königreich wird diesem Szenario nun die sehr herrschende Meinung zuerkannt. Es wird kein weiteres Szenario erläutert, da keine auffällige Mindermeinung mit der sehr herrschenden Meinung konkurriert. Lediglich zu erwähnen bleibt, dass dem Eintritt von Abkommen in Richtung der EFTA, wie der Schweiz, des EWR, wie mit Norwegen, oder aber einer Zollunion, vergleichbar mit der Türkei, in wiederholt beiden Umfragen deutlich neutral gegenübergestanden wird.

3.5   Mitarbeiterentsendungen im Post-Brexit-Szenario

Das Zustandekommen eines Freihandelsabkommens zwischen dem Vereinigten Königreich und der EU gilt den Umfrageergebnissen beider Umfragen zufolge als sehr herrschende Meinung für das am wahrscheinlichsten eintretende Ereignis.

Aktuell sind 34 Freihandelsabkommen der EU in Kraft oder finden vorläufige Anwendung.[25] Zur möglichst realistischen Darstellung des Folgeszenarios von Großbritannien in einem Freihandelsabkommen mit der EU gilt es, eines der bestehenden Freihandelsabkommen zu betrachten, um eine etwaige Fiktion anzustellen.

Der geografischen Lage und der politischen Geschichte des Vereinigten Königreichs mit Europa ist geschuldet, dass der Vergleich nicht etwa mit einem Abkommen stattfindet, das die EU mit afrikanischen oder südamerikanischen Staaten pflegt. Vielmehr sollten Abkommen auf dem europäischen Kontinent, wie mit Island, Norwegen oder der Schweiz, dafür Beispiel stehen. Insgesamt aber gilt es, einen möglichst vergleichbaren Rahmen für das als wahrscheinlich geltende Freihandelsabkommen zu finden.

3.5.1 Stellung von Freihandelsabkommen in der Europäischen Union

Freihandelsabkommen können bi- oder multilateral abgeschlossen werden. Innerhalb der EU gewinnen die multilateralen Abkommen an Häufigkeit[26] und die Einzelstaaten schließen eher keine eigenen Abkommen ab. Die Austrittsverhandlungen des Brexits finden zwischen der EU und Großbritannien statt. Deutschlands Stellung im Rahmen der Verhandlungen weist deutlich pro-europäischen Charakter auf.[27] Daher wird davon ausgegangen, dass die Wahrscheinlichkeit eines multilateralen Freihandelsabkommens höher einzustufen ist, als die Wahrscheinlichkeit eines Freihandelsabkommens zwischen Deutschland und Großbritannien.

Bei Freihandelsabkommen der EU gewährt diese dem Vertragsstaat günstigere Zollsätze und erhält dafür bei Exporten in den Vertragsstaat ebenso Vorzugszollsätze.[28] Durch den Abschluss der multilateralen Freihandelsabkommen verschafft sich die EU damit einfachere Marktzugangschancen, gleicht Nachteile

---

[25]Vgl. Bundesministerium für Wirtschaft 2018.

[26]Vgl. Norer/Bloch in D/L 2018, Agrarrecht, Rn. 70.

[27]Vgl. Auswärtiges Amt vom 29.08.2018; Die Bundesregierung (2) 2018.

[28]Vgl. Schumann in K/H/N 2018, UZK Art. 64, Rn. 15.

im Wettbewerb auf Auslandsmärkten aus und erweitert das Exportvolumen in den jeweiligen Staat.[29]

Die Zahlen des deutschen Weltexports haben sich in den Jahren von 1991 bis 2017 weit mehr als verdreifacht.[30] Dies unterstreicht die Wichtigkeit des Außenhandels für die Bundesrepublik. Anhand steigender Exportzahlen nach Großbritannien ist es für den deutschen Exporthandel nach Großbritannien förderlich, wenn keine ansteigenden Markthürden mit dem Brexit einhergehen würden. Die Wahrscheinlichkeit nach dem Brexit, dass auf Exporte aus EU-Staaten nach Großbritannien Zölle erhoben werden, ist hoch anzusetzen.

Weil Zölle für den Außenhandel sehr entscheidend sein und die Preispolitik stark beeinflussen können, ist die Zollunion vom Freihandelsabkommen zu differenzieren. Als engere Art der Zusammenarbeit, hinsichtlich des Handels, gilt die Zollunion anzuerkennen, wobei Freihandelsabkommen dem gegenüber geringere Verpflichtungen mit sich bringen. Wo eine Zollunion mehrere Zollgebiete durch ein einziges Zollgebiet ersetzt, sichern sich die Vertragsstaaten eines Freihandelsabkommens lediglich zu, Handelsbarrieren abzubauen. Dabei können durchaus in der Gestaltung eines besseren Marktzutritts[31] auch Zollbarrieren niedriger angesetzt werden. Während hingegen bei einer Zollunion durch die Etablierung einer gemeinsamen Außenzollgrenze die Autonomie über eine eigene Handelspolitik der jeweiligen Vertragspartner abhandenkommt, bleibt bei einem Freihandelsabkommen die unabhängige Gestaltung einer autonomen Handelspolitik für die Vertragsstaaten erhalten. In der praktischen bi- oder multilateralen Vertragsgestaltung liegen oftmals zahlreiche Mischformen zwischen Zollunionen und Freihandelsabkommen vor.[32]

In der Praxis zeigt sich, dass Freihandelsabkommen auf dem europäischen Kontinent mit dem Status Großbritanniens nach dem Brexit nicht ganz vergleichbar sein werden. Freihandelsabkommen mit Staaten wie Schweden oder Österreich sind in Anwendung mit deren Beitritt zur EU hinfällig geworden. Ebenso sind Freihandelsabkommen mit Norwegen und Island mit deren Beitritt zum EWR ebenfalls gegenstandslos geworden, da innerhalb des EWR-Abkommens gleiche Sachverhalte geregelt werden.

---

[29]Vgl. Jäger/Höse/Oppermann 2011, S. 316.

[30]Von 1991–2017 sind die Exportumsätze Deutschlands von EUR 340,43 Mrd. auf EUR 1.278,94 Mrd. angestiegen, vgl. Statista 2018.

[31]Vgl. Jäger/Höse/Oppermann 2011, S. 316.

[32]Vgl. Norer/Bloch in D/L 2018, Agrarrecht, Rn. 71.

Ein Beitritt des Vereinigten Königreichs in den EWR wurde im Rahmen der Umfragen genauso neutral betrachtet wie eine Anbindung über die EFTA. Daher bieten diese Szenarien keinen Anhaltspunkt. Gleichwohl erweckt das einzigartige Verhältnis zwischen der Schweiz und der EU Aufmerksamkeit: Das einzige Mitglied der EFTA, das nicht zugleich auch dem EWR angehört, ist die Schweizerische Eidgenossenschaft.

3.5.2 Fiktion am Beispiel der Schweiz

Das Freihandelsabkommen zwischen der EU und der Schweiz ist seit 1973 in Kraft.[33] Seit Jahren erwähnen auch Fürsprecher des Brexits das Erfolgsmodell zwischen der EU und der Schweiz. Es ist jedoch nicht möglich, vollumfänglich den Status der Schweiz im Verhältnis zu Europa im Rahmen dieses Reports darzustellen. Daher wird der Status der Schweizerischen Eidgenossenschaft, die Mitglied des EFTA ist, aber nicht der EWR, im Vergleich mit dem EU-Binnenmarkt betrachtet.

Im Jahre 1960 wurde die EFTA als Gegengewicht zur EWG gegründet, wobei diese an Gewicht in Europa verloren hat, da die meisten EFTA-Mitglieder heute Teil der Europäischen Union sind.[34] Für diejenigen Staaten, die nicht Teil der EU wurden,[35] schloss die EU mit den EFTA-Staaten mit Kraft zum 01.01.1994, die vertiefte Freihandelszone des EWR.[36] Konträr zu allen anderen EFTA-Staaten stimmte die Schweiz jedoch in einem Volksreferendum gegen einen Beitritt zum EWR.

Der Unterschied des Vorzugs einer Zollunion liegt hier bei dem Unterschied von EWR und EFTA. Während die EWR eine Zollunion vorsieht, wird im Freihandelsabkommen der EFTA keine solche vereinbart, womit an den Schweizer Grenzen Zölle zu entrichten sind. Damit entfällt der Vorzug einer Zollunion für Großbritannien, wenn es nach den Brexit-Verhandlungen zu einem Freihandelsabkommen mit der EU kommen würde, das dem Vorbild der Schweiz entspricht. Zölle nach Großbritannien wären mit den EFTA-Bedingungen gegeben.

---

[33]Vgl. Bundesministerium für Wirtschaft 2018.
[34]Vgl. Weiß in G/H/N 2018, Art. 207 AEUV, Rn. 260.
[35]Norwegen, Island und Liechtenstein.
[36]Vgl. Vöneky/Beylage-Haarmann in G/H/N 2018, Art. 217 AEUV, Rn. 73.

Ins Ausland entsandte Arbeitnehmer haben innerhalb der Europäischen Union sozialversicherungsrechtlich den Vorzug der A1-Bescheinigung. Führt der Arbeitnehmer eine A1-Bescheinigung mit sich, muss er im Rahmen eines deutschen Beschäftigungsverhältnisses bis zu 24 Monate weiterhin nur in Deutschland Sozialversicherungsbeiträge entrichten.[37]

Diese Regelung gilt aber auch für die Schweiz. Sollte sich also nach dem Vorbild der Schweiz auch die sozialversicherungsrechtliche Komponente des Freihandelsabkommens ergeben, so wäre der Arbeitsaufenthalt selbst nach Großbritannien auch nach dem Brexit nicht erschwert. Es müssten keine doppelten Sozialversicherungsabgaben in beiden Staaten geleistet werden.

Eine Einfuhrumsatzsteuer (EUSt) wird an den Grenzen der EU für Drittstaaten fällig. Mit dem Brexit ist Großbritannien auch nicht länger EU-Inland und damit als Drittstaat anzusehen. Sofern ein Warenvorgang im Inland, der EU, steuerbar ist, ist der Einfuhrtatbestand erfüllt und die EUSt ist abzuführen.[38] Sobald nämlich die Zollschuld an den Grenzen entsteht, entsteht auch die EUSt.[39] Und da die Zollunion nicht länger bestandskräftig ist, entsteht mit dem Wegfall dieser auch an den Grenzen zur EU dann die EUSt.

Durch den Schutz des Binnenmarktes ist der Arbeitnehmer bei einer Auslandsentsendung in das Vereinigte Königreich im Status quo durch Unionsrecht vor einer Doppelbesteuerung seines Arbeitslohns geschützt.

Wie bereits erläutert, ist das DBA-GB aktuell praktisch durch das vorrangige Unionsrecht kaum in Anwendung, doch wird schließlich nach dem Brexit die durch den EuGH bestimmte[40] Vorrangigkeit erlöschen. Aufgrund der Ähnlichkeit des DBA-GB mit dem OECD-MA wird sich die Entsendung von Mitarbeitern steuerlich wie am Beispiel des OECD-MA erläutert verhalten.

3.5.3 Fazit der h. M.-Veränderungen von Entsendungen

Nach herrschender Meinung gilt ein Freihandelsabkommen zwischen der Europäischen Union und Großbritannien als wahrscheinlichstes Ereignis. Weiter betrachtet käme die Vorlage des Abkommens der EU mit der Schweizerischen

---

[37]Vgl. Kreikebohm in Kreikebohm 2018, § 106 SGB IV, Rn. 4.

[38]Vgl. Robisch in Bunjes/Reinhold 2018, § 1 UStG, Rn. 157.

[39]Vgl. Leonard in Bunjes/Reinhold 2018, § 13 UStG, Rn. 41.

[40]Vgl. EuGH Urteil vom 15.07.1964, S. 2.372.

Eidgenossenschaft am nächsten an einen möglichen Status Großbritanniens nach dem Brexit.

Kritische Bestandteile der Entsendung, wie etwa das doppelte Abführen der Sozialversicherungsabgaben des Expatriates in zwei Ländern scheint unproblematisch, da auch in der Schweiz das Mitführen einer A1-Bescheinigung ausreichend ist.

Selbst der Doppelbesteuerung des Arbeitslohns ist keine Unsicherheit zuzuschreiben: Entfällt nämlich die Grundsicherung durch das bisher supranationale Unionsrecht, greift das mit Großbritannien geltende DBA ein. Da dieses dem OECD-Musterabkommen in den für Entsendung wichtigen Artikeln entspricht, wäre die Vermeidung der Doppelbesteuerung des Arbeitslohns und auch die Verrechnungspreisgestaltung wie in der steuerlichen Betrachtung dieses Reports beschrieben.

Problematiken könnten sich allerdings in der Quantität von Entsendungen nach Großbritannien ergeben, die den neuen wirtschaftlichen Bedingungen geschuldet sind, die der britische Markt nach dem Brexit mit sich bringen wird.

Durch den Wegfall der Zollunion und damit dann entstehenden Zollgebühren, wie auch zugleich entstehender EUSt, verändert sich die wirtschaftliche Attraktivität Großbritanniens fundamental. Unternehmen mit Hauptsitz im EU-Inland und verbundenen Unternehmen in Großbritannien finden veränderte Bedingungen vor: Bei Produktionsstätten im Vereinigten Königreich fallen beim Import dieser Waren in das EU-Inland nun Zölle und EUSt an. Unter diesen Konditionen liegt die Vermutung nahe, dass nach dem Brexit durch den Wegfall der Attraktivität des EU-Binnenmarktes der Produktionsstandort Großbritannien an Boden verliert. Sollten die Verbindungen von im EU-Inland hauptansässigen Unternehmen nach Großbritannien abgeschwächt werden, wird auch die Mitarbeiterentsendung ins Vereinigte Königreich an Bedeutung verlieren.

3.5.4 Interpretation des unwahrscheinlichsten Folgeereignisses

Gegen den EU-Austritt sprechen kritische Stimmen zur Umsetzung des Brexits[41] und Kritik an den schleppend verlaufenden Austrittsverhandlungen allgemein. Trotz dieser Gegebenheiten waren die Auswertungen der Umfragen 1 und 2

---

[41]Vgl. Merkt in MüKo 2018, § 11, Rn. 113; MDR 2018, S. 1295.

eindeutig: Die größte Unwahrscheinlichkeit wurde dem Rücktritt vom Brexit zugesprochen.[42]

Die EU-Mitgliedschaft Großbritanniens wäre grundsätzlich beendet, sobald ein Austrittsabkommen verhandelt wäre oder wäre bei Nichtzustandekommen prinzipiell automatisch zum 30. März 2019[43] ausgelaufen.[44] Zwar sollten die Austrittsverhandlungen längst abgeschlossen sein,[45] jedoch ist davon wenig zu sehen. Begründung findet sich sicher ebenso in der kompromisslosen Haltung der amtierenden Premierministerin Großbritanniens, Theresa May, die in der Vergangenheit keine Vorschläge akzeptieren wollte, die nicht im nationalen Interesse Großbritanniens liegen.[46] Daher scheint die öffentliche Unterstellung durch die Presse, dass ein Rücktritt vom Brexit-Votum in 2016 einen Gesichtsverlust für die britische Regierung in London bedeuten würde, nicht weit hergeholt.[47] Eine derart ausschlagende Meinung, dass ein Nicht-Brexit für mehr als 2/3 der Abstimmenden als unwahrscheinlichstes Szenario gilt, kann daher wie folgend begründet werden: Ob ein Austrittsabkommen zustande kommt oder nicht; der EU-Austritt Großbritanniens scheint unabwendbar.[48] Zugleich ist die Haltung der britischen Regierung festgefahren,[49] an dem Votum festzuhalten und keinen Kompromiss anzugehen, während die EU wiederum Privilegien für das Vereinigte Königreich ablehnt.[50]

Dem entgegen stehen einzig die Aussichten auf politische Kursänderungen nach den Europaparlamentswahlen 2019 und ein daraus resultierendes Zweitvotum oder ein Rücktrittsantrag vom Brexit. Trotz dieser neuen scheinbaren Option wird die Brexit-Diskussion aufgrund ihrer wirtschaftlichen Sensibilität nicht ohne Folgen bleiben.

---

[42]507 von 750 Stimmen für sehr unwahrscheinlich bzw. eher unwahrscheinlich, dass es keinen Brexit geben wird.

[43]Anm.: Zwischenzeitlich wurde jene Frist zum 12. April 2019 verlängert. Am 10. April 2019 verständigten sich EU und die britische Premierministerin schließlich auf den 31. Oktober 2019 als spätestes EU-Austrittsdatum für Großbritannien.

[44]Vgl. Die Bundesregierung 2018.

[45]Vgl. Die Bundesregierung 2018.

[46]Vgl. The Telegraph 2018.

[47]Vgl. Heilbronner Stimme 2018, S. 2; Aar-Bote 2018, S. 2.

[48]Vgl. Die Bundesregierung 2018.

[49]Vgl. The Telegraph 2018.

[50]Vgl. Spiegel Online 2018.

Quo vadis Britannia? 4

„Wohin gehst du, Britannien?" – Vor dem Hintergrund des Brexits soll diese Frage ihre Beantwortung finden. Grundsätzlich sind die Folgen der Entscheidung zum EU-Austritt sowie gleichfalls der weiteren Handlungen Großbritanniens und der Europäischen Union wohl kaum vollumfänglich berechenbar. Es bleibt, die wirtschaftliche Weiterentwicklung des Vereinigten Königreichs als Handelspartner der Europäischen Union und damit auch der Bundesrepublik Deutschland zu vermuten.

4.1 Der Wirtschaftsstandort Großbritannien

Durch attraktive Marktkonditionen auf dem EU-Binnenmarkt hat sich Großbritannien zu einem wichtigen und attraktiven Handelspartner deutscher Unternehmen entwickelt. Dabei profitieren nicht nur Einzel- und Onlinehandel, sondern auch zahlreiche andere Branchen von der Zollfreiheit und der Umsatzsteuervereinfachung, welche durch die Grundfreiheiten des Binnenmarkts gefestigt sind.

Mit unter den profitierenden Branchen ist auch die in Deutschland wirtschaftsbestimmende Automobilindustrie. Nennfaktor sind dafür auch die bereits erwähnten BMW-Werke in Großbritannien, die verdeutlichen, dass der beiderseitige Austausch von Automobilgütern zwischen den Ländern von hoher Handelsrelevanz ist. Zusätzlich zu den sowieso auch in Britannien sitzenden namhaften Automobilherstellern sind auch zahlreiche deutsche Zuliefererbetriebe auf der britischen Insel vertreten: Zu nennen sind hier u. a. die Elring Klinger AG, die Hübner GmbH & Co. KG oder die Recaro Holding.

Quo vadis Britannia (lat.) = „Wohin gehst du, Britannien"?

© Springer Fachmedien Wiesbaden GmbH, ein Teil von Springer Nature 2019   37
K. N. Moseler, *Mitarbeiterentsendung und Brexit,* essentials,
https://doi.org/10.1007/978-3-658-26676-9_4

Neben den eher greifbaren Handelsbrachen wurde Großbritannien auch zum Haupthandelsplatz der europäischen Finanz- und Versicherungsbranche und London wurde geradewegs zum „Eintrittstor nach Europa". Beleg dafür sind große Finanzdienstleistungs- und Versicherungsunternehmen mit Sitz in London, die auf dem ganzen europäischen Markt ihre Produkte vertreiben. In Deutschland erfreute sich u. a. das Modell der Britischen Lebensversicherung großer Beliebtheit, da diese höhere Renditeerwartungen befeuerte.

Zusammenfassend lässt sich der Wirtschaftsstandort Großbritannien im Status quo für vielerlei Branchen als attraktiven Markt erkennen. Ein lukrativ wirkender Markt bringt eine hohe Entsendungsquantität und regen Mitarbeiteraustausch mit sich. Fraglich ist jedoch jener Status, der dem britischen Markt nach dem Brexit zukommen wird. Deshalb werden nachfolgend eine gewisse Stellung der einzelnen Branchen und eine Gesamtidee zur Marktveränderung aufgezeigt.

4.2   Verhärtung des Wirtschaftsstandorts Großbritannien

Vor allem für den Warenverkehr werden auf den ersten Blick die Einkaufskonditionen verschärft: Die bisherigen Warentransaktionen waren durch die Grundfreiheiten in der Europäischen Union zollfrei. Neben den nun anfallenden Importzöllen bei Warenverbringung ins EU-Inland fällt auch die EUSt an, von der auch Britannien bisher nicht betroffen war. Die EU als Warenabnehmer wird damit zumindest unattraktiver als zu Zeiten der Mitgliedschaft der Briten. Neu anfallende Zölle und EUSt nämlich erhöhen auch die Verkaufspreise für den europäischen Abnehmer und lässt EU-inländische Produkte daher monetär attraktiver erscheinen. Die Absatzzahlen britischer Waren könnten, durch fallende Nachfrage begründet durch die erhöhten Preise, sinken.

Zusätzlich zu den steigenden Einkaufspreisen britischer Waren scheint auch die zukünftige Wirtschaftspolitik der britischen Regierung nicht stringent. Mitte Februar 2019 schlossen die Schweizer ein Handelsabkommen mit Großbritannien ab, das als Sicherheitsnetz bei einem harten Brexit dienen soll.[1] Damit ist die Schweiz eines der ersten Länder, das mit Britannien einen Handelspakt für die Zeit nach dem Brexit geschlossen hat.

---

[1]Vgl. SRF 2019.

Der Status zur EU bleibt weiterhin nicht eindeutig zu erkennen und der europäisch-britische Warenverkehr könnte aufgrund von Subventionen oder Sanktionen durch die britische Regierung Marktverzerrungen erleiden, die den heimischen Warenhandel in Britannien deutlich bevorzugt behandeln würden. Weiter wird auch im Finanzsektor einige Unruhe offensichtlich: Standard Life, ein großer und weltweit aktiver britischer Versicherer, hat sich im Tagesgeschäft bereits von London nach Dublin verlegt. Genauer betrachtet überträgt die Versicherungsgesellschaft die Verträge deutscher Kunden auf die Tochtergesellschaft in Dublin. Der Attraktivitätsverlust für London als Finanzplatz Europas und damit auch Großbritanniens wird damit in großem Ausmaße erkennbar.

Bedenken im Angesicht des Brexits äußert auch die Automobilindustrie.[2] Zuvor hatte bereits Jaguar angekündigt, bis Ende Dezember 2018 die Arbeitswoche der Mitarbeiter auf eine Dreitagewoche zu reduzieren, um nach dem Brexit nicht umfangreiche Kündigungen an die Mitarbeiter aussprechen zu müssen.[3] Insgesamt greifen hier Bedenken vor schlechten Konditionen nach dem Brexit um sich. Bei Jaguar schlug der Brexit jedoch bereits vor dem eigentlichen Austritt zu: Seit dem Votum zum EU-Austritt hat Jaguar seine Stellung als, nach eigener Auffassung, wichtigster Luxus-Exportartikel aus dem Vereinigten Königreich verloren, wie Ralph Speth, CEO von Jaguar, anmerkt.[4] Zusätzlich zu den großen Automobilmarken sind auch Zulieferer betroffen: Mit dem Wegfall der Handelskonditionen des EU-Binnenmarktes ist diese Betroffenheit gut nachvollziehbar. Fertigungsteile, die von britischen Produktionsstätten an deutsche Unternehmen geliefert werden sollen, werden voraussichtlich teurer. Dies nimmt Großbritannien als Produktionsstandort natürlich einige Attraktivität. BMW und Jaguar zeigten sich somit schnell offen kritisch gegenüber dem Brexit.

4.3 Empfehlungen und Auswirkungen auf Deutschland

Allgemeine Handlungsempfehlungen für die Post-Brexit-Zeit sind mit gewisser Nüchternheit zu betrachten: Wohl kaum eine Branche wird treffsichere Empfehlungen aussprechen können. Abzuwarten, was die Austrittsverhandlungen mit

---

[2]Vgl. FAZ 2018.
[3]Vgl. ZEIT 2018.
[4]Vgl. Handelsblatt 2017.

sich bringen, ist der einzige konkrete Ratschlag. Selbst eine Abkehr vom Brexit wird gleichfalls schwere Vertrauensschäden in den Wirtschaftsstandort Großbritannien nach sich ziehen. Unterstrichen werden damit ebenso die ermittelten Unsicherheiten aus den Umfragen 1 und 2. Genauso wird deutlich ausgesprochen, dass das DBA-Großbritannien nicht betroffen sein wird und eine Abkehr vom bestehenden DBA nach Vorlage des OECD-MA unwahrscheinlich ist. Auch die Verrechnungspreissystematiken, die wohl eines der größten Risiken auf Unternehmensseite bei Entsendungen darstellen, werden nicht tangiert werden, da diese durch die OECD geregelt werden und Großbritannien diese Stellung nicht verlieren wird.

Mit den kritischen Haltungen gegenüber der Marktentwicklung Großbritanniens und dem offen nicht benennbaren Ausgang eines Austrittsabkommens scheint, dass es den Mitarbeiteraustausch und damit einhergehenden Wissenstransfer nach dem Brexit in bisheriger Weise nicht mehr geben wird. Sicher ist, dass die gesamte europäische Wirtschaft den Brexit, allein bereits die Brexit-Debatte, deutlich spüren wird. Deutschland könnte Exporteinbußen haben und das allgemeine Klima der EU könnte angespannter sein als vor dem Brexit-Votum.

Errungenschaften, wie die Grundsätze der Europäischen Union, die Zollunion, offene Grenzen und gebotene Grundfreiheiten, dürfen durchaus als großartig betrachtet werden. Die Entscheidung der Briten, die EU zu verlassen und damit den Grundsätzen und jener Großartigkeit der Europäischen Union den Rücken zu kehren, hat den Staatenverbund erst einmal geschwächt. Zugleich könnte mit dem Brexit das Bedürfnis nach Sonderrollen enden, in denen Einzelstaaten versucht haben, sich besondere Positionen in der EU zu erarbeiten.

Konträr zu allen Unsicherheiten und offenen Bedenken gegenüber den Austrittsverhandlungen, dem Brexit als solchem und der Zukunft von Großbritannien als Wirtschaftsstandort stehen Meinungen, die den Brexit in einem anderen Licht wahrnehmen: Obwohl sich der Binnenmarkt durch den Austritt des Vereinigten Königreichs verkleinern würde, sind die EU und der Binnenmarkt gut aufgestellt. Unternehmen, die sich aus Großbritannien zurückziehen, schaffen sich neue Eintrittsoptionen zum Binnenmarkt. Unter anderem Unternehmen aus dem Versicherungssektor und dem Investmentbanking gaben bekannt, sich in London, dem Eintrittstor nach Europa, stark zu verkleinern.

Weiter gedacht könnte der Brexit damit gar positive Folgen für Deutschland mit sich bringen, sollte nämlich Frankfurt (Main) und nicht etwa Paris nun der neue Haupthandelsplatz für die Finanz- und Versicherungsbranche in der EU werden. Im Rahmen dieser Möglichkeiten verliert einerseits zwar Großbritannien als Entsendungsziel für Auslandsdelegationen an Wichtigkeit, jedoch wird sich die Entsendungsattraktivität auf andere Ziele verlagern.

Die für Deutschland wichtige Automobilbranche wird vielleicht in der britischen Produktion nicht viele Einbußen hinnehmen müssen, aber doch im Vertrieb. Dennoch könnten Projekte wie die Mini[5]-Elektroauto-Produktion durch die Muttergesellschaft BMW nach Deutschland verlagert werden. Damit würde auch der Produktionsstandort Großbritannien an Bedeutung verlieren und zugleich Deutschland an Wichtigkeit gewinnen.

Beantwortet wird die Frage, wo Großbritannien schließlich steht, somit nicht nur durch Unsicherheiten zum geplanten EU-Austritt der Briten, sondern zugleich durch einen Optimismus zu einer Neupositionierung im Binnenmarkt für deutsche Unternehmen. Entsendungen werden sich bei der Entscheidung, den Binnenmarkt an anderen Länderstandorten zu nutzen, somit lediglich aus Großbritannien in diese Länder verlagern.

---

[5]Gemeint ist MINI, eine britische Marke, seit 1994 in Besitz der BMW AG.

Ausblick 5

Insgesamt ist die betriebswirtschaftliche Relevanz von entsandten Mitarbeitern hoch einzustufen, während gleichzeitig die steuerlichen Risiken von Doppelbesteuerung auf Seiten des Arbeitnehmers und Verrechnungspreisproblematiken auf Seiten des Arbeitgebers durchaus schwerwiegend sein können. Minimieren lassen sich derlei Risiken durch organisierte und geplante Entsendungen, bei denen im Voraus gegen ein Entstehen der etwaigen Risiken gearbeitet wird. Dies lässt sich mithilfe steuerlicher Beratung und eines strukturierten Dokumentationsprozesses durchaus erreichen. Steuerliche Risiken sind bei Eintritt zwar gravierend, zugleich jedoch berechenbar und damit absicherbar.

Mehr Beachtung ist den Mitarbeiterentsendungen in Großbritannien nach dem als unsicher einzustufenden Brexit-Ereignis in kritischer Würdigung dieses Reports geschuldet: Mit dem Brexit-Votum am 23. Juni 2016 wurde eine der wohl folgenschwersten Entscheidungen des Jahrzehnts für Europa getroffen. Trotz gewiss einigen Punkten, die an der Europäischen Union kritisiert werden können, ist sie dessen ungeachtet der größte Binnenmarkt der Welt. Allein durch die Zollunion und das vorrangige Unionsrecht wird eine starke Sicherheit im Marktgeschehen garantiert und dennoch zugleich Souveränität zwischen den Mitgliedsstaaten gewährleistet. Während sich die Weltmärkte kapitalorientiert verhalten und möglichst gewinnbringend Wissen generieren und Warenabsatz maximieren möchten, stellt sich Großbritannien mit dem EU-Austritt dieser Denke bewusst entgegen und kehrt dem Binnenmarkt den Rücken zu.

Die Zollunion würde für Großbritannien nach wie vor die größten Vorteile mit sich bringen, da diese innerhalb des Binnenmarktes Export- und Importprozesse verschlankt. Da die EU jedoch kein „Rosinenpicken" dulden wird und auch Deutschland dem gegenüber klar Stellung bezieht, wird sich Großbritannien auf dem europäischen Markt bestenfalls mit einem Freihandelsabkommen positionie-

© Springer Fachmedien Wiesbaden GmbH, ein Teil von Springer Nature 2019   43
K. N. Moseler, *Mitarbeiterentsendung und Brexit*, essentials,
https://doi.org/10.1007/978-3-658-26676-9_5

ren können. Für die Briten entfielen dann mindestens die Vorzüge der Zollunion und der einfacheren Umsatzsteuerregelungen, die den europäischen Binnenmarkt unter anderem charakterisieren.

Begründet durch die Verlautbarung vieler Unternehmen, Großbritannien den Rücken zu kehren, und mit ersten Abwendungen vom Wirtschaftsstandort London durch große Finanzunternehmen liegt die Unterstellung eines außerordentlichen Attraktivitätsverlusts des britischen Marktes nahe. Gleichfalls fehlt schlichtweg das Vertrauen in die britische Oberhoheit, die Kompetenz zu einer effizienten Lösungsfindung zu besitzen.

Dass ein Rücktritt vom Brexit-Votum allein schon undenkbar scheint, weil die britische Regierung dabei ihr Gesicht einbüßen könnte, ist grundsätzlich fatal. Bisher verschärfte Stellungen in den Austrittsverhandlungen seitens der Briten, trotz der harschen Beanstandung durch zahlreiche Unternehmen, Regierungen und sogar des eigenen Volkes, das mit über 570.000 Menschen gegen das Votum demonstriert hat, ist schlichtweg als Ohnmacht zu bezeichnen. Bei massivem Attraktivitätsverlust, der sich bereits jetzt durch den Wegzug großer Finanzdienstleister und die Unsicherheiten der Automobilbranche als wirtschaftsstarke Branchen verdeutlicht, könnte der britische Markt starke Einbrüche erleben. Selbst bei einer Abkehr von der Brexit-Entscheidung ist das Vertrauen in Großbritannien fundamental zerrüttet. Dies wird folglich wesentliche Quantitätseinbußen für die Entsendungen nach Großbritannien mit sich bringen.

Entgegen der Kritik am Brexit und der Angst, dass die deutsche Wirtschaft dadurch Schaden nähme, könnte andererseits sogar die These aufgestellt werden, ob der Brexit Deutschland als Exportnation nicht gar besserstellen könnte. Gerade die Automobilindustrie als deutscher Exportriese könnte durchaus Nutzen aus der Schwächung britischer Mitbewerber ziehen: Während zwar Exporte nach Großbritannien u. a. durch Zollabgaben im Preis steigen, werden auch die Exporte für britische Automobilunternehmen wie Rolls-Royce, Aston Martin oder Jaguar nach Europa teurer. Davon könnten die deutschen Automobilhersteller durchaus Profit schlagen, da der britische Absatzmarkt vergleichsweise deutlich kleiner ist, als der europäische Binnenmarkt, der für die Briten schlechtere Konditionen mit sich bringen wird.

Sollte die Schlechterstellung britischer Mitbewerber bewusst genutzt werden, können damit Exportverbesserungen in andere EU-Länder ausgebaut werden. Selbst bei einer nachträglichen Abwendung des Brexit und bei fortbestehender Mitgliedschaft Großbritanniens in der EU ist das Vertrauen in den Wirtschaftsstandort Großbritannien erschüttert. Letztlich wird die Entsendung nach Großbritannien zwar einerseits unattraktiver, während sich hingegen andere Entsendungsziele interessanter gestalten. Schlussendlich wird sich die Mitarbeiterentsendung damit innerhalb der anderen EU-Mitgliedstaaten neu gewichten.

Was Sie aus diesem *essential* mitnehmen können

- Grundwissen zu steuerlicher Herangehensweise bei Mitarbeiterentsendungen
- Grundverständnis für die Funktion von Doppelbesteuerungsabkommen und Verrechnungspreise bezogen auf Mitarbeiterentsendungen
- Grundverständnis für die Vorzüge des europäischen Binnenmarkts
- Präziseres Verständnis für die Folgen eines Brexits auf die deutsche Wirtschaft
- Einschätzungsgrundlage für die Auswirkungen des Brexits auf Entsendungen im Falle eines Freihandelsabkommens
- Erweiterte Sichtweise auf gleichfalls positive Folgen des Brexit auf die deutsche Exportwirtschaft durch gezieltes Ausnutzen der Binnenmarktvorteile

© Springer Fachmedien Wiesbaden GmbH, ein Teil von Springer Nature 2019   45
K. N. Moseler, *Mitarbeiterentsendung und Brexit,* essentials,
https://doi.org/10.1007/978-3-658-26676-9

Quellenverzeichnis

Aar-Bote. Kommentare – Knockout? vom 21.09.2018, Seite 2, 2018.

Allianz Insurance plc. Office Locations, Zugriff: https://www.allianz.co.uk/contact/office-locations.html, Stand: 02.11.2018.

Außenwirtschaftsportal Bayern. Export nach und Import aus China, Volksrepublik, Vergleich Holzexport nach China 2010 mit 2017, Zugriff: https://www.auwi-bayern.de/Asien/China/export-import-statistik.html, Stand 17.09.2018.

Außenwirtschaftsportal Bayern. Export nach und Import aus Großbritannien, Vergleich der Exporte nach Großbritannien 2010-2017, Zugriff: https://www.auwi-bayern.de/Europa/Grossbritannien/export-import-statistik.html, Stand 19.09.2018.

Außenwirtschaftsportal Bayern. Fokus auf...Brexit, 03.09.2018, Zugriff: https://www.auwi-bayern.de/awp/inhalte/Grenzenlos-erfolgreich-/Fokus_auf.../fokus-auf...brexit.html, Stand 07.10.2018.

Auswärtiges Amt. Brexit-Übergangsgesetz, 05.09.2018, Zugriff: https://www.auswaertiges-amt.de/de/aussenpolitik/europa/brexit-uebergangsgesetz/2119360, Stand: 08.10.2018.

Auswärtiges Amt. Endspurt auf dem Weg zum Brexit, 09.10.2018, Zugriff: https://www.auswaertiges-amt.de/de/aussenpolitik/europa/brexit/1889884, Stand: 08.10.2018.

Auswärtiges Amt. „Wir werden den Binnenmarkt nicht zurückbauen und keine Sonderregeln schaffen", 29.08.2018, Zugriff: https://www.auswaertiges-amt.de/de/aussenpolitik/europa/maas-barnier-brexit/2130934, Stand: 08.10.2018.

Beck Verlag (Hrsg.). Beck'sches Steuer- und Bilanzrechtslexikon, C. H. Beck, 43. Auflage, München 2017.

Birk, Dieter. Steuerrecht, C.F. Müller Verlag, 12. Auflage, Heidelberg 2009.

Blümich. Heuermann, Bernd (Hrsg.) / Brandis, Peter (Hrsg.) – Kommentar zum EStG, KStG, GewStG, Franz Vahlen Verlag, 142. Auflage, München 2018.

BMF. Base Erosion and Profit Shifting (BEPS) – Übersicht über die 15 Aktionspunkte, 07.06.2017.

BMF. Ermittlung des steuerfreien und steuerpflichtigen Arbeitslohns nach Doppelbesteuerungsabkommen sowie nach dem Auslandstätigkeitserlass im Lohnsteuerabzugsverfahren und Änderung des Auslandstätigkeitserlasses, IV C 5 – S. 2369/10/10002, vom 14.03.2017.

BMF. Glossar „Verrechnungspreise", IV B 5 – S 1341/07/10006-01, vom 19.05.2014.

© Springer Fachmedien Wiesbaden GmbH, ein Teil von Springer Nature 2019   47
K. N. Moseler, *Mitarbeiterentsendung und Brexit, essentials*,
https://doi.org/10.1007/978-3-658-26676-9

BMF. Schreiben betr. steuerliche Behandlung von Arbeitnehmereinkünften bei Auslandstätigkeiten (Auslandstätigkeitserlass), IV B 6 – S 2293 – 50/83, vom 31.10.1983.

BMF. Stand der Doppelbesteuerungsabkommen und anderer Abkommen im Steuerbereich sowie der Abkommensverhandlungen am 01. Januar 2018, Dok.2018/0042503, vom 17.01.2018.

BMF. Steuerliche Behandlung von Arbeitslohn nach den DBA, IV B 2 – S 1300/08/10027, vom 03.05.2018.

BMW Group. Werke weltweit, Zugriff: https://www.bmwgroup-werke.com/de.html, Stand 03.11.2018.

Brähler, Gernot. Internationales Steuerrecht – Grundlagen für Studium und Steuerberaterprüfung, Gabler Verlag, 6. Auflage, Wiesbaden 2010.

Bundesanzeiger. Volksbank Darmstaft Südhessen eG Jahresabschluss zum 31. Dezember 2017, erschienen 02.11.2018.

Bundesministerium für Wirtschaft und Energie. Freihandelsabkommen der EU, 2018, Zugriff: https://www.bmwi.de/Redaktion/DE/Artikel/Aussenwirtschaft/freihandelsabkommen-der-eu.html, Stand 31.10.2018.

Bunjes, Johann / Geist, Reinhold. Umsatzsteuergesetz Kommentar, C.H. Beck, 17. Auflage, München 2018.

Dawid, Roman. Verrechnungspreise – Grundlagen und Praxis, Springer Gabler,1. Auflage, Wiesbaden 2016.

Deloitte. Tax & Legal News 01/2018.

Demmer Anne in ARD-Studio London. Eine halbe Million gegen den Brexit vom 20.10.2018, Zugriff: https://www.tagesschau.de/ausland/brexit-demo-113.html, Stand 20.10.2018.

Der Betrieb (Hrsg.). Steuerliche Verrechnungspreise im Zeitalter der Digitalisierung – Zusammenfassung des Aufsatzes „Risiken steuerlicher Verrechnungspreise in Wertschöpfungsnetzwerken und hybriden Geschäftsmodellen" von Zinser/Gilson/Thiem in Der Betrieb Heft 39 2018 Seiten 2.317–2.325, 2018.

Deutscher Bundestag. Brexit wirkt sich auf Besteuerung auf, Parlamentsnachrichten, hib (429/2018), 20.06.2018.

Die Bundesregierung. Fragen und Antworten zum Brexit vom 17.07.2018, Zugriff: https://www.bundesregierung.de/breg-de/themen/europa/fragen-und-antworten-zum-brexit-476142, Stand 06.11.2018.

Die Bundesregierung. Kein Rosinenpicken bei EU-Austritt vom 02.11.2018 in hib Nr. 828 vom 02.11.2018.

Doyé, Frederik in Hummel, Thomas R. / Knebel, Heinz / Wagner, Dieter / Zander, Ernst (Hrsg.). Optimierung der Anzahl an Auslandsentsendungen und Empowerment of Locals in internationalen Unternehmen – eine wissenschaftliche Untersuchung des Expatriate-Management aus entscheidungstheoretischer Perspektive, in Hochschulschriften zum Personalwesen, Band 44, Rainer Hampp Verlag, München 2015.

Edenfeld, Stefan. Haftung und Fürsorgepflichten des Arbeitgebers bei Aulandsentsendungen, in Der Betrieb 2017. S. 2803–2808.

Egner, Thomas. Internationale Steuerlehre, Springer Gabler, 1. Auflage, Wiesbaden 2015.

Frankfurter Allgemeine Zeitung. BMW unterbricht Mini-Produktion in Oxford vom 18.09.2018, Zugriff: http://www.faz.net/aktuell/wirtschaft/unternehmen/nach-brexit-bmw-schliesst-mini-werk-in-oxford-fuer-4-wochen-15794230.html, Stand 10.11.2018.

FISCHLMAYR, IRIS, C. / KOPECEK, ANDREA. Die professionelle Auslandsentsendung – Rechtliche, personalwirtschaftliche und steuerliche Aspekte des Expat-Managements, Linde international Verlag, 1. Auflage, Wien 2012.

FLEISCHER, HOLGER (Hrsg.) / GOETTE, WULF (Hrsg.). Münchner Kommentar zum GmbHG, C.H. Beck, 3. Auflage, 2018.

GRABITZ, EBERHARD / HILF, MEINHARD / NETTESHEIM, MARTIN. Das Recht der Europäischen Union, C.H. Beck, 64. Ergänzungslieferung, München 2018.

HANDELSBLATT. Der britische Makel vom 01.03.2017, Zugriff: https://www.handelsblatt.com/unternehmen/industrie/luxusautobauer-jaguar-land-rover-der-britische-makel/19461770.html?ticket=ST-2899980-oeZTrR7pJO6opOHJecS9-ap1, Stand 10.11.2018.

HANDELSBLATT. Schotten drohen mit Brexit-Veto vom 26.06.2016, Zugriff: https://app.handelsblatt.com/politik/brexit-referendum/reaktionen-auf-den-brexit-schotten-drohen-mit-brexit-veto/13788918.html, Stand 21.10.2018.

HAUFE. Umsetzung des A1-Verfahrens vom 20.08.2018, Zugriff: https://www.haufe.de/personal/entgelt/meldeverfahren-a1-bescheinigungen-kuenftig-maschinell_78_378230.html, Stand 04.11.2018.

HEILBRONNER STIMME. [Keine Titelangabe] vom 22.09.2018, Seite 1.

HERDER. Staatslexikon, Band 2 Eid-Hermeneutik, 8. Auflage, Freiburg im Breisgau 2018.

HÖFER, REINHOLD / VEIT, ANNEKATRIN / VERHUVEN, THOMAS. Betriebsrentenrecht, Kommentar Steuerrecht / Sozialabgaben / HGB / IFRS, Franz Vahlen Verlag, 16. Auflage, München 2016.

JACOBS, OTTO H. / ENDRES, DIETER / SPENGEL, CHRISTOPH. Internationale Unternehmensbesteuerung – Deutsche Investitionen im Ausland, ausländische Investitionen im Inland, C. H. Beck, 8. Auflage, München 2016.

JÄGER, THOMAS / HÖSE, ALEXANDER / OPPERMANN KAI (Hrsg.). Deutsche Außenpolitik, 2. Auflage, Springer Fachmedien, Wiesbaden 2011.

KREIKEBOHM, RALF. Sozialgesetzbuch. Gemeinsame Vorschriften für die Sozialversicherung – SGB IV – Kommentar, C.H. Beck, 3. Auflage, München 2018.

KRENZLER, HORST GÜNTER / HERRMANN, CHRISTOPH / NIESTEDT, MARIAN. EU-Außenwirtschafts- und Zollrecht, C.H. Beck, 11. Ergänzungslieferung, München 2018.

KRIENS, JULIA. ERFOLGSFAKTOREN EINER MITARBEITERENTSENDUNG INS AUSLAND – AUSWAHL, VORBEREITUNG, EINSATZ UND REINTEGRATION, DIPLOMICA VERLAG, 1. Auflage, Hamburg 2009.

KÜHLMANN, TORSTEN M. AUSLANDSEINSATZ VON MITARBEITERN, HOGREFE VERLAG, 1. Auflage, Göttingen 2004.

MONATSSCHRIFT FÜR DEUTSCHES RECHT 21/2018. Das AVAG als Modellgesetz, S. 1294–1299.

MENNEN, HEIDI / SCHELLERT, ULRIKE / WOLF, THOMAS. Mitarbeiterentsendung – Geschäftsabwicklungsmodelle Entsendungsvereinbarungen steuerliche und rechtliche Grundlagen, Schäffer-Poeschel Verlag, 1. Auflage, Stuttgart 2013.

MERKT, HANNO / CULLER, SEMPERE. Folgen des Brexit für das Bestandsgeschäft der Finanzwirtschaft (Kurzfassung) in LSK 2018, S. 4081–5905.

OECD. Verrechnungspreisrichtlinien für multinationale Unternehmen und Steuerverwaltungen 2017, OECD Publishing 2018.

REDAKTION BECK-AKTUELL. EuGH soll Möglichkeit eines „Rücktritts vom Brexit" prüfen in becklink, S. 2011132, 2018.

ROSE, GERD / WATRIN, CHRISTOPH / RIEGLER, FABIAN. INTERNATIONALES STEUERRECHT – DOPPEL-BESTEUERUNG MINDERBESTEUERUNG EUROPARECHT, ERICH SCHMIDT VERLAG, 7. AUFLAGE, BERLIN 2016.

SCHARF, MICHAEL / ROBLES, MARIANA von Roedl & Partner Nürnberg und Madrid. Ermittlung angemessener Verrechnungspreise – Trend zu Benchmarkstudien, Zugriff: https://www.roedl.de/themen/entrepreneur/2016-06/verrechnungspreise-trend-benchmarkstudien, Stand 06.10.2018.

SCHWUCHOW, KARLHEINZ. DIE BALANCE ZWISCHEN GLOBAL UND LOKAL, IN PERSONALWIRTSCHAFT, HEFT 07/2015.

SCHWUCHOW, KARLHEINZ / GUTMANN, JOACHIM (HRSG.). PERSONALENTWICKLUNG – THEMEN, TRENDS, BEST PRACTICES 2015, HAUFE VERLAG, 1. Auflage, Freiburg 2015.

SEEGER, MARC. Die Folgen des „Brexit" für die britische Limited mit Verwaltungssitz in Deutschland in DStR 2016, S. 1817–1824.

SPIEGEL ONLINE. May besteht auf Freihandelszone mit der EU vom 02.09.2018, Zugriff: http://www.spiegel.de/politik/ausland/brexit-verhandlungen-may-besteht-auf-freihandelszone-mit-der-eu-a-1226134.html, Stand 06.11.2018.

SRF. Das Schweizer Sicherheitsnetz für einen harten Brexit vom 11.02.2019, Zugriff: https://www.srf.ch/news/wirtschaft/abkommen-mit-grossbritannien-das-schweizer-sicherheitsnetz-fuer-einen-harten-brexit, Stand 25.02.2019.

STANDARD LIFE. Fit für den Brexit! Wir sind bestens vorbereitet, Zugriff: https://www.standardlife.de/fuer-vertriebspartner/brexit/, Stand 10.11.2018.

STATISTA. Wert der deutschen Exporte von 1991 bis 2017, 2018, Zugriff: https://de.statista.com/statistik/daten/studie/165463/umfrage/deutsche-exporte-wert-jahreszahlen/, Stand 01.11.2018.

TEICHMANN, CHRISTOPH / KNAIER, RALF. Brexit – Was nun? – Auswirkungen des EU-Austritts auf englische Gesellschaften in Deutschland in IWRZ 2016, S. 243–247.

THE ECONOMIST. A Brixit looms, 21.06.2012, Zugriff: https://www.economist.com/bagehots-notebook/2012/06/21/a-brixit-looms, Stand 06.10.2018.

THEOBALD, MARTIN. MITARBEITERENTSENDUNGEN INS AUSLAND – EINE FRAGE DES RISIKOS, ARBEIT UND ARBEITSRECHT 11/16, Huss Medien, München 2016.

THE TELEGRAPH. There will be no compromises on Chequers that are not our national interest vom 01.09.2018, Zugriff: https://www.telegraph.co.uk/politics/2018/0901/will-no-second-referendum-brexit-would-gross-betrayal-democracy/, Stand 06.11.2018.

THUROW, CHRISTIAN. Brexit – Haftungsrisiken für Gesellschafter deutscher Limited-Gesellschaften in BC 2018, S. 354–355.

VÖGELE, ALEXANDER (Hrsg.) / BORSTELL, THOMAS / ENGLER, GERHARD. Verrechnungspreise – Betriebswirtschaft – Steuerrecht, C. H. Beck, 4. Auflage, München 2015.

VOGEL, KLAUS / LEHNER, MORIS (Hrsg.). Doppelbesteuerungsabkommen der Bundesrepublik Deutschland auf dem Gebiet der Steuern vom Einkommen und Vermögen – Kommentar auf der Grundlage der Musterabkommen, C. H. Beck, 6. Auflage, München 2015.

ZEIT ONLINE. Nur noch Dreitagewoche bei Jaguar Land Rover vom 17.09.2018, Zugriff: https://www.zeit.de/wirtschaft/2018-09/brexit-no-deal-iwf-folgen-jaguar-land-rover, Stand 10.11.2018.

ZWIRLEIN, SUSANNE / GROßERICHTER, HELGE / GÄTSCH, ANDREAS. Exit before Brexit in NZG 2017, S. 1041–1046.

Urteilsverzeichnis

BFH Urteil vom 10.06.2015 Az.: I R 66/09 in IStR 2015, S. 627.

BFH Urteil vom 25.11.2014 Az.: I R 27/13 in BeckRS 2015, 94467.

BFH Urteil vom 03.07.2014 Az.: III R 53/12, Rn. 1, in DStRE 2014, S. 1396.

BFH Beschluss vom 01.10.2012 Az.: I R 66/09 in DStRE 2009, S. 1436.

BFH Urteil vom 20.09.2006 Az.: I R 59/05 in BeckRS 2006, 24002784.

BFH Urteil vom 30.8.1989 Az.: I R 215/85 in BStBl. 1989 II S. 956.

BFH Urteil vom 10.05.1989 Az.: I R 50/85 in BeckRS 1989, 22009001.

BVerfG Beschluss vom 15.12.2015 Az.: 2 BvL 1/12 in DStR 2016, S. 359.

EuGH Urteil vom 28.02.2013 Az.: C-544/11 in DStRE 2013, S. 661.

EuGH Urteil vom 15.07.1964 Az.: 6/64 in NJW 1964, Seiten 2371–2372.

FG BADEN-WÜRTTEMBERG Urteil vom 18.06.2015 Az.: 3 K 2075/12 in BeckRS 2015, S. 96106, 2015.

Printed in the United States
By Bookmasters